大展好書 好書大展

大展好書 好書大展

社會人智囊
58

解開
第六感之謎

匠英一／著
林雅倩／譯

大展出版社有限公司

「第六感」是無法說明的「超能力」？——前言

●什麼樣的現象是「第六感」呢？

提到「第六感」你首先會聯想到什麼呢？

應該會想到對於還沒有發生的事情，具有「預知」的能力吧！我們也常常從電視或雜誌上看見，具有超能力的人預言未來的事情。

此外，也曾出現過像諾斯特拉達姆斯，或是艾德卡・凱西等幾位超時代的預言家。

諾斯特拉達姆斯預言：「一九九九年七月，會有一個恐怖大王……」雖然事實上並沒有出現，但是他的詩卻常被人繪聲繪影地傳言：「這首詩一定是預言這個事件。」

在這個世界上，出現不少對於未來的事件或事故，給予天地變異的預言或虛構的情節。

近年來，則有英國的黛安娜王妃發生車禍之前就有預言的小說出現，然而卻趕不及在事故發生之前銷售，所以之後就被認為只是巧合而已。

像這樣，預言家的預言或是預言所發生的事情，到底有怎麼樣的靈異、超能力的力量在作用呢？

或者，能夠有更合理的說明嗎？如果有，又該如何說明呢？

事實上，不只是被大眾傳播媒體披露出來的事件而已，當我們的親人及朋友在死之前，我們也會有所預感，或者是突然想到昔日朋友的事情，結果就立刻收到他的信等，像這種事情時有所聞。

還有，應該是不會被發現的婚外情，卻因為妻子的「女人的直覺」而被揭發出來了。或者是在工作上有預感「這件事情一定會進行得非常順利」的時候，結果的確如預感所料，有非常好的成果……有這樣經驗的人並不少。

當我們有這類的經驗，或是聽到這類的事情時，我們往往會稱其為「第六感」、「直覺」等。

對於這些看起來非常神秘的第六感以及靈異方面的事情，有的人無條件的相信；有的人打從心裡就否定其「並不合理」，也有人雖然認為「並不合理」，但是卻無法加以否定。

從科學的眼光，到底是如何來看待這些「第六感」的呢？

在探討之前，我們應該先瞭解被稱為「第六感」的各種情況。

雖然可以一言以蔽之地稱為「第六感」，但是就像先前所說的超能力者的預知，或者是經常聽到的「預感」、會知道丈夫外遇的「女人的直覺」、「這件事會進行得非常順利」的預感，以及所謂的「瞬間的直覺」等，事實上種類非常多。

我們無法一概而論。

要看被稱為「第六感」的東西是以怎樣的形式呈現在我們面前，在什麼樣的場合發生什麼樣的現象，在思考時不應該一概而論，而要就事論事。

例如，像我們有預感等，體驗到不可思議感覺的時候，人們就會說這是「第六感的作用」。

我們都可以將這些稱為是「有預感」的現象嗎?未必如此。預感「老公有外遇」,或者是「有不好的預感」之後,就發生了大地震,雖然我們都將其稱為是「有預感」,但是也有各式各樣的例子,發生的構造也完全不一樣。

所以,本書將稱為「第六感」的現象,以易懂的方式區分為五大類,並且分別舉出事例,讓各位思考看看是怎樣發生的。

如果對於每一項事例,我們都可以加以考證「在這樣的情況,為什麼會發生這種不可思議的事情呢?」那麼就能夠深入瞭解第六感的真面目。

此外,不只是深入瞭解第六感的真面目而已,還希望各位都能夠把它活用在自己的身上。

第六感這種無法言喻的能力,在每一個人的有生之年,或者是人與人之間的交流、工作方面的業績等,都擔負著重要的任務。

「第六感」是任何人都需要的能力

我們從歷史的眼光來看，在原始時代，如果無法事前察覺到外敵，也許就會面臨生死存亡的重要關頭。如果無法察知天地變異或是氣候激烈變動，就無法事先對於非常事態及環境變化加以因應。

接下來發展出各式各樣的道具，並且產生文字、蓋房子、建造城市……有這些無數創造的念頭，才達到現在這種進步的情形，也才有當今的文明發達。

而在文明發達的時代中，留有豐功偉業的人，我們可以說他們都是第六感非常優越的人。

留下優秀作品的藝術家、偉大發明的科學家或發明家等，他們一定都有所謂的第六感，才讓他們有天才般的創造力。

偉大的天才或發明家們，應該都是第六感非常發達的人。

即使不是有名的天才，但是，企業的經營者或營業員，也必須要有第六感作用，想出各式各樣的構想，例如「這樣東西一定很好賣」等，非得以第六感來判斷不可。

尤其在現代，和以前景氣好的時代是完全不一樣的。

在景氣好的時代，公司希望的是對公司盡忠、服從上級命令來工作的人，但是在現在這種不景氣的時代中，與其請一位只會服從上級命令做事的人，不如追求凡事有自己的想法、能夠自己判斷的人。

從這層意義上來看，光靠理論判斷還不夠，藉由第六感來判斷，就具有非常重要的意義。

在不景氣的時代中，更需要有先見之明，但絕對無法脫離第六感。

第六感在人際關係方面也非常重要。如果光是依理論來判斷對方所說出的話，是無法創造非常圓滑的人際關係的。

擅長人際關係的人，必須要充分掌握對方的感情，必須要和對方契合、留給對方好印象，這時就需要活用第六感。

業務或是服務業等與人有密切關係的職業，這種第六感尤其重要。

當然，這種第六感的重要程度，並不限於企業人士而已。

在私人關係方面，例如，愛人、友人、家族等，在各種人際關係的交流中，第六感也扮演著非常重要的角色。

而且，如果世上的母親都只能藉由理論來瞭解孩子的表現，那對於還不會說話的嬰兒而言，又該如何瞭解他們想睡覺或是身體方面不舒服的事呢？

此外，有很多妻子都是待在幾乎沒有變化的家庭裡，但是她們卻能夠應用自己的第六感，來察覺細微的變化，發現丈夫的婚外情。

像這樣，或多或少在工作或人際關係方面，在各式各樣的情況下，扮演重要角色的，就是第六感。

本書舉出一般被稱為第六感的事例，並且以這些事例為中心，從心與腦的綜合科學，也就是認知科學的觀點出發，來探討「第六感」的真面目。

匠英一

目錄

第一章 夢境在現實中發生的預知夢之謎

第二章 預知未來發生的事情的真面目

第三章 與遠方的人進行意識溝通的心電感應的秘密

第四章 在瞬間解讀對方內心的以心傳心

第五章 產生卓越構想的才能者直覺之謎

第六章 澄清第六感，提高創造性的方法

第七章 腦的神奇威力，何謂超越直覺呢？

第一章

夢境在現實中發生的預知夢之謎

「第六感」可以分為五大類……

雖然都將其稱為「第六感」，但是它的現象形形色色，無法一概而論。所以，本書就以一般稱為「第六感作用」的現象為中心，分類為以下五種。

第一，是「夢」的這種第六感。就是「正夢」（與事實吻合的夢）或是因為夢得到靈感，而有的發明、發現等。

我們常聽到夢境成真這句話，因為夢得到靈感，而產生的發明、發現的例子也很多。大家對於所謂的「預知夢」，實際上有很多的誤解。但是，如果因此就說夢沒有第六感的作用，也是不對的。而且正好相反，夢和第六感之間有非常密切的關係，在夢境中出現的，往往會成為第六感的泉源。

第二，就是稱為「預知」的第六感，也就是所謂的「預感」或是天地變異的預測等。

發生不幸事件之前，有不祥的預感，還有人或動物在事前會察知像地震這種天地變異的事情，就是稱為「預知」的第六感。

第三，是「超心理」的第六感，也就是所謂的心電感應。

像心電感應這種超能力的第六感，世界上有很多的實例，而且也有實驗正在進行中。有關於心電感應，現在雖然還屬於認知科學之外的領域，然而在尖端的研究中，已經闡明了許多事項。

第四，是屬於「交流」的第六感。亦即人與人之間的交流所產生的第六感。察知他人的心意、關心他人，讓對方對自己有好感，有些人就是對於這種與交流有關的直覺非常靈敏，因此我們希望探索這種「交流高手」的秘密。

第五，是「靈感」的第六感。這是屬於天才或專家們所擁有的第六感。

在世界上被稱爲天才，或是在各領域中成爲專家的人，事實上他們都留有一般人無法學習的優秀事績。到底這種創造性是從何產生的呢？此外，他們的想法和我們有什麼不同呢？如果真的有不同的地方，那我們該怎麼做才能更接近天才呢？諸如此類的問題，我們都希望能解開天才的靈感之謎。

依照這五大類，本書想要以被稱爲「第六感作用」的現象事例爲中心，來探究「第六感」的真面目。

第一章先來探討五類之中的夢的第六感。

夢中火山爆發的光景在現實中出現了

說到與夢有關係的第六感，許多人立刻就會想到夢境成真這種「預知夢」。

首先，在「預知夢」中，我們就來介紹一些比較轟動的例子吧！一八八三年八月二五日的深夜，美國的報紙波士頓郵報的記者拜龍．蘇姆斯，在公司裡寫完稿之後，隨便躺在沙發上，不知不覺就睡著了，結果夢到了可怕的夢。

他夢見在一座叫做普拉拉培島的小島，發生了火山爆發。溶岩阻斷道路，橋樑陷落，吞噬了人與房屋。後來海嘯侵蝕了島嶼……。

蘇姆斯一覺醒來之後，就詳細地記錄下剛才所做的夢，打算在沒有什麼消息可以寫的時候，可以把它當成一個虛構的特別記事來使用。並且在便條紙上標上「重要」的記號，就回家去了。

隔天蘇姆斯並沒有到公司來上班，有位同事就在他的桌上發現了這則記事。正好這個時候，巴達維亞（雅加達）傳來消息，位於爪哇島及蘇門答臘島中間的

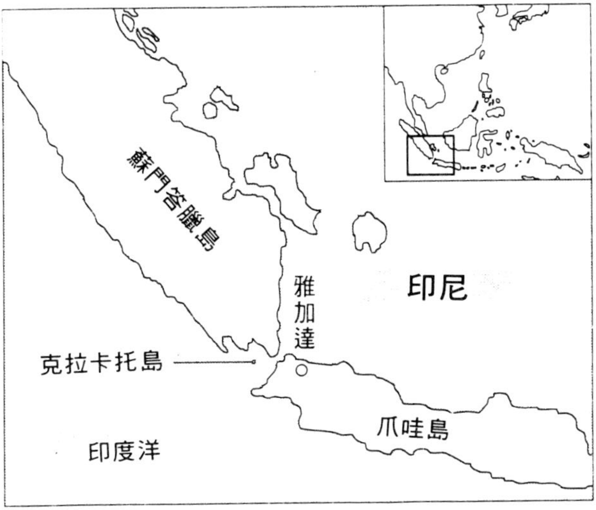

異他海峽的克拉卡托島，發生了火山爆發的現象。

因爲當時是十九世紀，克拉卡托島對外的聯絡非常少，有關於災害的聯絡，都委託巴達維亞來傳遞資訊。所以，波士頓郵報就認爲蘇姆斯的這張便條紙的記事，就是有關於這則災害的報導，於是就在二九日的報上大幅報導。

蘇姆斯驚訝之餘，向上司報告這則記事只是自己夢見的光景而已。於是上司就將這個誤報的責任歸咎於他，將他開除了。

波士頓郵報本來打算在報紙上刊載道歉啓示，但在這之前，美國的西海岸受到了大海嘯的襲擊。事後才發現這個大海嘯，就是克拉卡托島火山爆發所引起的地震性海嘯。

後來，克拉卡托島所發生的災害的情況，也與蘇姆斯所記錄的完全一樣。

於是，波士頓郵報就將這個由夢裡出現記事的事情掩蓋下來，並且把蘇姆斯請回來。

而蘇姆斯在夢裡所聽到的「普拉拉培島」這個名稱，事實上就是克拉卡托島在兩百年以前所使用的舊名稱。

這種不可思議的現象，到底是怎麼一回事呢？克拉卡托島發生的火山爆發現象，幾乎和蘇姆斯於公司躺在沙發上睡覺作夢的時間同時。而蘇姆斯就好像有千里眼一般，能夠看到地球另一端所發生的火山爆發現象。

這是發生在一個世紀之前的事情，現在也沒有任何人能夠闡明這件事。也有人認爲這是因爲蘇姆斯非常瞭解太平洋東部的火山活動的現象，以此爲前提而做出這種夢。

蘇姆斯非常瞭解克拉卡托島是火山的鳴動或是連續噴火非常有名的火山島。而他在夢中之所以稱這個島嶼爲「普拉拉培島」，事實上就是因爲他以前曾經閱讀過，克拉卡托島還被稱爲普拉拉培島時代的火山爆發記錄的原因。只不過這些經驗應該已經全部都忘記了吧！

此外，也因爲他是報社的記者，所以隨時都可以接觸到最新的情報。當時，爪哇方面也陸續有新情報傳入，那時候蘇姆斯心裡也許正在擔心這附近是否會有火山爆發，這種可能性也很高。

當然，如果從爪哇方面傳入的資訊顯示，最近會發生火山爆發的現象，那麼一定會吸引許多學者以及大衆傳播媒體相關者的注意，但是事實上，當時只有一點點徵兆，所以也沒有人在意。

但是對於當地的火山活動瞭解甚詳的蘇姆斯，他透過傳入的些許資訊，聯想到過去火山爆發的記錄，而有某種預感。

也許那並不是像「因爲有這方面的異常，所以這附近或許會發生火山爆發」這種可以從語言上表現得非常清楚的徵候，只是覺得這和過去的火山爆發有共通點，而在無意識中有了這樣的聯想。

像這種無意識感覺到的印象，雖然片段的出現在夢中，但卻是鮮明的景象。

當蘇姆斯清醒時，也許不會感覺到自己不安的狀況，但是在睡眠時，這種不安的狀況就會覺醒，而成爲夢境出現。

像這樣能夠夢到遙遠的災害或是遙遠的未來災害的情形，究竟是什麼樣的一種作用呢？如果從科學的觀點來探討，也許只能說這個人充分擁有這方面的知識吧！雖然可以推測蘇姆斯是因爲擁有許多情報，在無意識將這些片段的情報加以綜合，察知變異的徵候，而以這種第六感的形態表現出來，但如果是在這方面缺乏任何知識的人，則即使夢見了遙遠的災害或遙遠未來災害時，也許就會出現另一種可能性了。

此外，如果蘇姆斯夢見的是自己居住場所附近所發生的災害，那麼我們就可以將其視爲是因爲磁場變化所造成的第六感。有關於這一點，將在第二章詳述。

●能夠在夢裡面遙遠透視未婚夫所購買的戒指

蘇姆斯所看的是「預知夢」，他就好像有千里眼一樣，能看到遙遠的地方所發生的事情。而在所謂的「預知夢」中，也有一樣可以夢見遙遠地方所發生的事情，但是比千里眼更勝一籌，就好像是心電感應的夢。

最好的例子就是羅馬的艾米里歐·薛爾瓦帝歐博士所做的報告。

一九五五年的某一個晚上，住在羅馬的十六歲少女，夢見未婚夫的母親戴著一個奇妙的銀戒指。這個戒指的表面有如象形文字一般非常奇妙的圖形，而且是可以打開的。

少女將自己的夢境告訴母親。不久之後，未婚夫打電話來時，也告訴他自己作夢的情景。沒想到未婚夫非常興奮，因爲他夢中出現的戒指，就和他買給母親的戒指是一模一樣的。

當他從米蘭回羅馬時，正好遇上在米蘭主辦的國際博覽會，結果在索馬利亞館看到了這只可以打開、而且嵌入奇妙文字的銀戒指，於是就買回來送給母親當禮物。

薛爾瓦帝歐博士根據她夢見戒指的心電感應，做了以下的分析。

因爲她自幼喪父，因此有非常強烈的戀父情結，對於母親或母性化的人物都懷有敵意。而且她也瞭解未婚夫對於他的母親有著戀母情結。雖然兩個人還沒有正式結婚，但是一直期待著未婚夫買戒指送給自己、向自己求婚的日子到來。

在這種狀態下，透過心電感應做了這個夢。她發覺到未婚夫非常愛戀母親，自己受到了不公平的待遇，因此將這件事情告訴自己的母親。

這是屬於深層心理的分析，如果我們從記憶與夢之間的關係來看，那又是如何呢？首先，在她夢境中所出現的戒指，實際上到底是什麼東西，我們必須要從她的記憶加以分析。

人的記憶並不是只有留在腦的某處而已，而是和視覺有關的記憶，留在視覺的領域中；和聽覺有關的記憶，則留在聽覺的領域裡面。每一個地方都有分散的記憶。

當我們在回憶或是告訴他人自己的回憶的時候，是將分散在各處的記憶綜合，而成爲一項記憶，回憶出來並告訴他人。

像這種與視覺或聽覺有關的記憶，都以感覺爲基礎而成爲記憶，這是無法用語言表達出來的非語言的東西。而當我們將這些零散的記憶綜合，回憶出來告訴他人時，就會變成語言。在這個過程中，就發生了記憶的歪曲。

因爲夢的記憶是模糊不清的，很有可能是以前在和未婚夫通話中經常會描述出類似戒指的模樣吧！然而，在這位少女所做的夢中，未婚夫買給母親的戒指是不是和自己夢境中的戒指一樣並不重要。最重要的是暗示未婚夫買了戒指送給他的母親當禮物，但是卻沒有買戒指給自己。

在此，我們與其將焦點放在未婚夫買給母親的戒指和自己夢境中的一樣，不如將焦點擺在未婚夫買了戒指給母親，卻沒有買戒指給自己的方面。

看清了未婚夫的戀母情結，對於自己的愛情來說是一個障礙，而她也很清楚地知道，未婚夫買給自己的禮物比不上他買給母親的禮物。這也可以說是戀人的第六感，相信很多人都有類似的經驗吧！而這個第六感會成爲夢境表現出來，是因爲她想到將來的婆婆戴著自己的丈夫送給她的銀戒指。

另外，正如薛爾瓦帝歐博士所說的一般，她也可以藉由這個夢來告訴自己的母親，未婚夫愛慕他的母親的事實，自己也許會因此而受到不當的待遇。

不只是對自己的母親，也許她也想對未婚夫傳達沒有說出口的不滿情緒。對她而言，這個夢只不過是說出自己的心情，以及自己想要傳達給母親及未愛的訊息之意義。

婚夫知道的事情。因此，這個夢扮演著非常重要的角色，這個夢含有表現潛在的

●因為不可思議的夢而預知哥哥受傷的少女

前面所舉的是有關於戀人的夢，而關於近親者的正夢，德國的凱爾哈特・桑恩巴特博士有以下的報告。

德國有一位少女，非常擔心在戰爭中音訊全無的哥哥，而夢到了奇妙的夢。她站在被窗簾遮住的一幅大畫前面，打開窗簾一看，上面畫的是哥哥的肖像。而他的左手有淡淡的雲，就像是煙一般的往上消失……。

隔天早上，她告訴母親：「哥哥的左手好像受傷了。」

沒想到不久之後，哥哥就寄了一張明信片回來，信上提到自己的左手受了一點傷。

桑恩巴特博士表示，這位少女也許是因爲太過於擔心哥哥，所以才會做出這樣的夢。而比較夢境與實際發生的事實的類似點，結果發現在夢裡所看到的如煙

般的東西，就解釋爲「受傷」。

然而，這並不光只是解釋的問題而已，桑恩巴特博士也說道：「其中也有關於心電感應的要素。」換句話說，少女透過心電感應，察覺哥哥發生了事故，而做了奇妙的夢，但是夢的本身是非現實的內容。在此，她思考著自己的夢到底代表著什麼意義呢？於是就將哥哥肖像畫中左手所燃起的煙霧解釋成受傷。而正好在這個時候哥哥也受傷了。

當然，這只是桑恩巴特博士的假設而已，但依照博士的研究例子，也有夢見自己動盲腸手術的女性，在兩、三天後真的接受了這項手術。

博士認爲這是在無意識中注意到自己的盲腸有發炎的症狀，因此，夢見了接受手術的夢。

人即使在睡眠時，腦或感覺仍然在作用。如果因爲盲腸發炎，而產生疼痛，那麼這個痛覺的情報就會傳達到腦部。

這位女性在清醒時太過忙碌，所以並沒有注意到下腹部的疼痛，但是當她在睡眠時，這種微微的痛楚感覺，就會喚醒她的不安，而成爲夢境出現。

●預知華爾街股價暴跌的夢

就像夢見自己動手術的女性一樣，在清醒時不會注意到的不安，往往會藉由夢境出現的事例時有所聞。其中也有藉由夢境，預見歷史事件的例子。其中比較有名的，就是預測世界恐慌的開端，也就是華爾街股價暴跌的夢。

華爾街某家證券公司的營業員，有一天做了以下的夢。

有一位男子要賣收音機給我。不知道是誰在門的把手上塗上了劇毒，而且強迫我去摸那扇門。我在驚嚇之餘就醒來了……。

他不瞭解這個夢所代表的涵意，因此就請教有名的預言家艾德卡．凱西進行判斷。凱西將這個夢解釋爲警告和股票交易有關的事情。收音機代表著與收音機有關的股票，或者是股份有限公司的交易。在門上塗有劇毒，就是警告應該要避免投資股票、債券或是有關收音機產業。

沒想到，不久之後就發生了世界經濟恐慌開端的華爾街股價暴跌。結果這個夢「預知」了大恐慌。

爲什麼這位營業員會在景氣熱絡的時候夢見股價暴跌呢？證券公司的營業員是股票交易的專家，他們總是在股票交易的現場。

有關於專家所具有的第六感，在後章會有詳細的敘述，在此先簡單的介紹。所謂的專家，就是每天在工作現場，無意識中將資訊累積在自己的頭腦裡。因此當所接收到的情報中有變化的徵候出現時，就很容易注意到。

雖說是注意到，但也只是無意識的事情而已，並不是真的瞭解何時會出現什麼樣的變化。「哪裡不對勁」、「感覺不好」這種莫名的不安，往往都會被「是自己太敏感了吧！」的意識所打消。

而這位營業員，也許是在無意識中注意到些微的變化而感覺到不安，然而這份不安，卻被意識的部分所打消了。

即使認爲「是自己太敏感了」，而想要打消不安的想法，但是這種感覺卻仍然在無意識中殘留在心裡，成爲夢境出現。

人在睡眠時，清醒的程度比較低，所以意識部分會被打消，但是，如果無意識的部分抬頭，那麼就會以夢的形態出現。

像這種無意識的「在意」，就是第六感的條件之一。

以這位營業員爲例，因爲他是股票交易的專家，所以在無意識中會感到不安，也因此會夢到警告不久的將來會有苦難降臨的情境。解夢專家艾德卡．凱西從營業員的夢境來解讀營業員內心的不安，並將其解釋爲「警告」的訊息。

●從夢闡明分子構造之謎的科學家

之前我們已經舉過有關「預知夢」的例子，而與夢有關的第六感，此外還有因爲夢而有新發現、發明的例子。其中最具代表性之一的就是德國的化學家F．A．凱庫勒的夢。

凱庫勒是研究包含在焦油或石油的改質油中的苯的化學構造。當時，苯被廣泛使用在染料、洗劑、溶材、化學製品的原料等，但是大家卻不明白它的分子構造。凱庫勒日以繼夜不停地研究，雖然瞭解了苯的原子構造，但卻不知道它是如何結合的。

有一天晚上，凱庫勒面對著暖爐坐在椅子上休息時，不知不覺地睡著了，做

苯　環

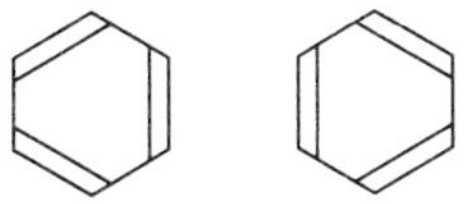

（凱庫勒的式子，1865）

了一個奇妙的夢。那是許多原子排成長長一列，不斷地旋轉，然後就有一條蛇出現，好像嘲笑似地看著凱庫勒，隨即蛇就啣著自己的尾巴開始轉圈圈。

「對！就是這樣！」凱庫勒突然醒來。他注意到苯的分子就像轉圈圈的蛇一樣，是呈現環狀的，於是立刻進行證明自己假設的作業。六個碳分子結合形成環狀的苯的分子構造，就是這樣被發現的。

爲什麼凱庫勒能夠做出這樣的夢呢？當然，這必須要以凱庫勒每天研究苯的分子構造爲前提。

凱庫勒在頭腦裡面隨時有問題存在、不斷地思考時，腦中的神經元（神經細胞）就會互相連結，形成一個網。

到達某個階段之前，腦的四處都形成小的網，然而重要的部分卻無法連結在一起。在這種狀態之下，當事者就始終無法走出這個迷宮、無法解答，頭腦陷入煩惱之中。

然而只要思緒一通，重要的部分連結在一起，就可以一口氣完全瞭解了。

我們對於一件事情的理解，並不是一點一滴進行的，而是像這樣，是由於瞬間的開竅而理解。

在一口氣理解的瞬間之前，當事人會下意識地認為：「為什麼總是搞不清楚呢？」覺得好像沒有進展。但是事實上，在本人沒有意識的時候，腦的網路會朝向完成之道去進展，當最重要的部分連結在一起，形成一個網路時，就可以一口氣地理解了。

這種腦的網路是在睡眠中進行的。即使在睡眠中，腦依然持續地活動，連結網路。

在凱庫勒小憩時，腦的網路的重要部分連結在一起。而於連結在一起的瞬間，使他突然理解，並以夢的方式出現。

因此，並不是在毫不思考的狀態下突然由夢來啓示，而有所發現、發明。就像凱庫勒一樣，正因為他不斷地思考有關於苯的分子構造，所以才能做出找到迷宮出口的夢。

●因為夢的提示而發明了縫紉機

以凱庫勒的情況來說，夢是科學的發明提示，但不只是發現而已，在發明方面也有相同的例子。最有名的就是勝家發明了縫紉機。

勝家一直想要發明一種可以代替人的手工來縫紉的機器，但是卻始終無法順利地進行。他思考如何使線穿過針後，連續地使機械運轉。然而卻不斷地受挫，問題始終無法迎刃而解。

就在百思不解中，有一次，勝家夢見了一位拿著劍的奇妙騎士。但是，他想不通爲什麼騎士的劍的尖端總是開了一個洞。

另一說是他夢見住在南海孤島的原住民被射槍襲擊，而這個槍的尖端也開了一個孔。夢的詳細內容在流傳中出現了不同的版本，總之，勝家夢見了尖端開著孔的劍或是槍的這件事情，是千真萬確的。

勝家醒來之後，回憶起這個夢，並注意到機械上的針孔，並不像是我們手拿的針的針孔是位於根部，而應該在尖端開個洞才對。

如果小孔開在根部的地方，那麼針就無法連續往返作用，而如果這個孔開在尖端，針就能不斷地活動。

在此之前，勝家的想法一直侷限在線必須要穿過位於根部的孔的這種固定觀念中。然而，就在不斷地思考有關縫紉的機械時，因爲有了孔必須開在針的尖端這種發現，使得他的發明向前邁進了一大步。

此外，在睡眠時，腦的網路成爲柱的部分連結在一起，使他想到洞必須要開在針的尖端，而成爲夢境出現。

就像這樣，當你在思考一件重要的事情時，就會在睡眠中將腦的網路重要的部分連結在一起，成爲夢境出現。夢的提示傳達發明與發現爲數衆多，這些都是因爲腦的作用所產生的。

●對於「經常作夢的人」所進行的心理實驗

因爲夢的記憶歪曲，有時候會以爲是第六感的作用。

先前介紹過夢見未婚夫送戒指給母親的少女的例子，我們已經提過有關記憶的歪曲，請各位回憶一下。

人的記憶是分散在腦各處的記憶，然而記憶並不是存在於腦神經的每一個神經元中，而是由多數神經元所連結起來的網路，藉由情報的連續流通而存在。

記憶可分為有關運動的運動記憶，以及有關於發生過的事情以及知識的陳述記憶，夢的記憶則是屬於陳述記憶，有關於視覺記憶，就留在視覺領域中；有關於聽覺的記憶，就留在聽覺的領域中。像這樣，依照感覺的種類不同，而加以分類記憶。

醒來之後，在和他人談及夢的內容時，各領域的記憶會再一次構成，但是在這個過程中，記憶就歪曲了。

歪曲是如何發生的呢？當我們自己一個人回憶時，以及對他人陳述的情況有所不同，此外，我們所做的夢也會因為事後現實中所發生的事件而歪曲。

例如，當我們做了惡夢，隔天醒來從電視得知高速公路發生了重大的交通事故。

這時，我們就會回憶起昨晚所做的夢，記得「這麼說起來，在夢中好像搭乘了什麼交通工具，原來就是汽車。橫衝直撞的駕駛員好像喝醉了……」就會覺得自己好像做了有關於車禍的預知夢。

像這樣，如果現實中發生了什麼大事故、大事件，或者是自己的親朋好友有什麼不幸發生時，我們就會從夢中去找出它的預兆，而認爲我們真的「做到這種夢」。這可以在思念強的人身上看到，因爲事件本身是屬於印象的，所以也許會像照片一樣被心靈記憶下來（flash Bulb Memory 瞬間記憶）。

舉一個極端的例子，就是心理學家詹姆斯．歐爾庫克所做的實驗。歐爾庫克指示某位經常做夢的人：「立刻將你的夢記錄下來。」沒想到這個人卻表示不作夢了。

換句話說，這個人並不是真正作了夢，而是之後將夢的記憶歪曲，而認爲自己「作夢」。當然，並不是指所有的「預知夢」都是如此，只是也有這樣的例子。

如果讀者中也有人「經常作夢」，那麼不妨像歐爾庫克的被實驗者一般，在醒來後立刻將自己的夢境正確的記錄下來，如此一來，就可以知道自己所作的夢是真正的夢，或是只是記憶的扭曲，能夠進一步地加以確認。

第二章

預知未來發生的事情的真面目

在四世紀之前就已經預知宗教改革？

第一章是敘述有關夢的第六感，夢的第六感中也包含了預知未來。

像這種預知未來的現象，不只會在睡眠中進行，在醒著的時候也會發生。雖然都將其稱爲是「預知未來」，但也有各式各樣的情況。

本章則介紹「利用第六感預知未來」的現象。

首先，介紹有關於預知社會動向的第六感。以十二世紀基督教的貝來狄派的修女希爾黛卡爾德爲例，較容易理解。

她是成立第一座女子修道院的人，能夠正確的記住胎兒時期的事情，而且從五歲開始，就能夠看見神的姿態。

自從擔任修道院的指導者後，她寫了非常多的書，而且譜出許多她所聽見的「天籟之音」。在現代的社會中得到了極高的評價，因此被稱爲是優秀的天才。

她著有『瞭解主之道』以及『神業之書』等許多預言書，而且都能命中。

在她的預言中有以下一則。

「王子們以及國民否定教皇權威的時代到來了。各國會產生自己的教會領導者取代教皇。德國將一分為二。」

這項預言是屬於十六世紀宗教改革的預言，具體地描繪出宗教改革時代的樣子。

最後有關於「德國一分為二」一文，也正預言了第二次世界大戰之後，德國分為東西德兩部分。如果從前面的脈絡來追尋，也可以解釋為「因為宗教的對立而一分為二」的意思。我們可以經由不同的解釋來解讀這項預言。

宗教改革是發生在希爾黛卡爾德這項預言後的四個世紀之後。她真的能夠預測到四世紀之後的宗教改革嗎？關於這一點，我們可以認為她具有能夠解讀社會動向的第六感。

正如前述，她留有許多即使到現代也能夠獲得極高評價的書，擁有非常優秀的頭腦。

她所出生的時代，是在宗教改革前四個世紀，卻能夠預知有朝一日羅馬教皇的權威一定會衰微，也許會發生宗教上的紛爭。

具體而言，國王或是貴族的權力漸強的同時，對於德國人而言，身處在遙遠異國的羅馬教皇，根本比不上在自家附近的神父來得親近。羅馬教皇只是一個遙不可及的存在而已，因此，這些都被她視爲是宗教改革的因素。

我們可以猜測，她也許是從這些徵候中思考，總有一日，羅馬教皇的權威一定會衰微，宗教上一定會引起紛爭。

她也針對於在那樣的時代中，基督教會應該如何地對待在教會中位於崇高地位的聖人，留有預言書。

希爾黛卡爾德能夠進行正確的情勢判斷，與其說是超能力，倒不如說她是從各種徵候來推測天主教教會的苦難時代就快要降臨了。

●預測黛安娜王妃事故的小說

有關於先前所提到的希爾黛卡爾德的預言，値得我們關心的是，她並不忽視自己想像的未來像，而且判斷其有實現的可能。

對於很多未知的假設，我們都會加以否定「怎麼可能呢」，聽過就忘了。即使沒有忘記，也會認為「不可能真的發生吧」。

最好的例子，就是有關於黛安娜王妃事故的預測。

一九九七年八月三十一日，英國的黛安娜王妃和她的情人及駕駛，在一場交通事故中罹難。而暗示這件事情發生的小說，在事故發生之前就已經寫好了。

這本小說是由英軍特殊空挺部隊（ＳＡＳ）的隊員巴利．大衛所寫的，預定在同年的九月出版。

內容是指右派的地下組織，為了要阻止黛安娜王妃和伊斯蘭教徒結婚，因此拜託ＳＡＳ暗殺黛安娜王妃。ＳＡＳ的幹員是使用裝有艾波拉出血熱濾過性病毒的冰箭來暗殺她，結果卻失敗了。

地下組織的幹部表示「下一次要設計汽車事故，讓她死亡」。書才剛寫完，正等著發行時，就傳出了黛安娜王妃意外的事故。

如果在這個時候出版這本小說，好像時機不對。即使說「那只是個假設」，但是讀者也會認為「黛安娜王妃之死不是意外，而是殺人事件，犯人就是右派的地下組織和ＳＡＳ。」於是出版社立刻決定停止發行。

大衛會想出這段故事的理由，是可以理解的。

黛安娜王妃和伊斯蘭教的教徒戀愛，這一點不管是右派或是王室的相關人物，都絕對不會感到舒服的，這是任何人都可以想像得到的。因此，當她車禍死亡之後，就有傳言傳出「那不是交通事故，而是暗殺」。在她發生事故死亡之前，就傳出右派或諜報機關要暗殺她，而當她真的發生車禍死亡之後，很多人認爲「不出所料」，因此，許多傳言就在英國內外傳開來了。

但是，真正將這個事件寫成小說的，只有巴利．大衛而已。其他的人只是認爲有這種可能性，但是沒有想到「真的發生了」。

大衛之所以會寫出這本想像的小說，是因爲他本來就是SAS的隊員，充分地感受到SAS對黛安娜王妃的敵意。從他服務於SAS的經驗來判斷，非常瞭解SAS的內情，因此就有寫小說的衝動。對他而言，只是以想像的方式寫出一本劇情令人玩味的小說而已，卻沒有想到現實竟會出現這樣的結果。

我們並不瞭解黛安娜王妃是否真的就像小說中所說的被暗殺，或是如大眾傳播媒體所發表的，只是因爲交通事故而死亡，但是，在這裡我們先假設她是被暗殺的。

在這種情況下，以大衛爲首，對於那些認爲她被暗殺的可能性很高的人而言，也許可以稱爲是「預感」，但是他們的「預感」卻不屬於「第六感」。因爲所謂的「第六感」，並不只是單純的預感而已，還牽涉到必須要正確地判斷這個預感是否會成真。

因此，那些認爲黛安娜王妃有被暗殺可能性的人，因爲覺得「怎麼可能」，而打消了自己的念頭。結果卻耽誤了自己的預感，這樣是無法稱爲「第六感在作用」的。

至於大衛，雖然他認爲黛安娜王妃有被暗殺的可能性，而且將自己的思想以書本呈現出來，但是並沒有想到她會真的死亡。至少，在自己的書出版之前，他並沒有想到黛安娜王妃會死。因此，他只想把它當成一本小說來出版而已。

換句話說，他弄錯了「應該寫成小說嗎？」的判斷，或者是「在什麼時候之前應該出版？」的判斷，所以好不容易寫好的小說也徒勞無功了。只不過這是假設黛安娜王妃被暗殺的情況。

如果她是如媒體公開發表般死於交通事故，那麼她的車禍死亡對於大衛而言是非常諷刺的偶然。因爲他判斷「自己在小說裡面說黛安娜王妃被暗殺，這是實際上不會發生的事情，所以可以寫成小說，被大衆所接受」。

總之，第六感不只是單純的預感而已，還包含了內心深處必須要具備正確的判斷以及評價能力。

以前述修女希爾黛卡爾德的預言爲例，在她留給後繼者的忠告中，不只認爲自己的想像有發生的可能，而且經過評價檢討之後，覺得發生的可能性非常高，因此留下了預言書。如果將這種「評價、判斷」當成一個新的認識，來思考第六感的任務，那就具有非常重大的意義了。

●「預言」防止了第二個鐵達尼號的發生

前面所提到的希爾黛卡爾德的預言，和暗示黛安娜王妃死亡的小說，都是和社會的事件有關的事情。此外，還有另一項共通點，那就是兩者都是預告有關社會不安定的事件，換句話說，也就是不祥的預言。

本來預言這種事情，就像前面所提到的，是以預告社會的不安定事件或家人的不幸、自己將遇到危險的情況等不吉利的事情爲多。

首先，我們來看看藉由「預言」而得救的有名例子。

一九一二年四月十四日，鐵達尼號的悲劇發生之後，過了二十三年，在一九三五年四月十四日夜晚，鐵達尼安號這艘不定期客船，從英國出發航向加拿大，途中駛入了鐵達尼號事故發生的海域。

這天晚上，站在船頭眺望臺的是一位叫做威廉・利普斯的年輕船員。他的生日正巧是四月十四日，對於鐵達尼號悲劇的發生和自己的生日同一天的巧合，他感到非常關心。在自己生日的這一天站在眺望臺上，利普斯感到非常的不安。

他所搭乘的是鐵達尼安號，和鐵達尼號的名稱非常相似。而且，和鐵達尼號撞到冰山的同一天，航行在相同的海域。再過片刻，就正好是發生事故的時間了。

就在這瞬間，利普斯覺得有一股強烈的不安感。姑且不論現在的海域十分平穩，而且前方並沒有什麼特別的障礙物，但是他因爲自己的強烈不安，而發出危險信號，讓船緊急停止。

聚集在甲板上的船員們非常生氣，認爲利普斯不應該因爲自己的不安而讓船停止前進。但是不久之後，這些指責變成感謝及稱讚。原來就在離船數公尺的前方，有一座非常巨大的冰山，如果船繼續前進，一定會面臨鐵達尼號第二的悲劇。

因爲他和著名的大災難發生的日子同一天出生，因此，對於事故有非常強烈的意識。對於和事故發生的日期同月同日同時間，而且船名類似、又駛入相同的區域，任誰都會感到不舒服的。

不只是利普斯而已，一般而言，當面對和過去發生災害時相同的狀況，例如遇到相同的時期、相同的場所、相同的氣候、氣象或是海流等的自然條件，就會擔心在相同的條件之下是否又會發生相同的災害，這種情緒是可以理解的。

就以鐵達尼號與鐵達尼安號爲例。首先，北極海是冰山非常多的地方，尤其在四月份，當春雪融解時，冰河漂流在海上，就會形成很多冰山。而深夜更是和白天不同，往往不會注意到眼前的障礙物。

換句話說，我們也可以說利普斯注意到在危險的季節、危險的時間、航行在危險的場所。

實際上，現在已經擁有非常優良的機器及雷達，但是，以前深夜航行在北極海上，是一件非常危險的事情。

一般人認爲，利普斯是因爲頭腦裡面描繪著鐵達尼號的事故狀況，覺得現在的狀況和當時的狀況非常相似，強烈的意識到航行的危險，因爲自己的不安，而使船停止。

此外，不僅是對於類似的狀況感覺到不安而已，也會無意識地感知到千鈞一髮的危險，這也許是感覺到不安的另一面。當危險迫在眉睫時，能在事前瞭解危險，是人和動物都具有的本能。

●為什麼動物能在事前察知天地變異呢？

能夠在事前掌握危險的現象，這種預感經常發生在地震之前。

預知地震等天地變異的情形，動物比人來得有本能。

例如，一八三五年智利的康薛普休市，因爲大地震而化爲瓦礫。大約在地震發生之前的一個鐘頭，海鳥盤旋在康市的上空飛翔，不斷地鳴叫。在地震發生之前的十分鐘左右，馬開始不安地躁動，狗也狂奔到戶外去。

不只是康市的地震，在關東大地震之前，動物也非常躁動。甚至有一個傳說「當鯰魚不安時，就是地震的前兆」。

不只是地震，在火災等變異發生之前，動物的預感也比人靈敏。爲什麼動物對於災害如此敏感呢？首先，就是動物與人的感覺不同。動物具有像紅外線或超音波一般的知覺，也就是牠們能夠感覺到人所無法感覺的事情，牠們的嗅覺與聽覺也比人類敏銳，對於地面的震動非常敏感。

對地面震動敏感的動物，當然能夠在事先預知地震的發生。

只不過，雖然簡言之說是「地面的振動」，但是搖晃的方式也不同。動物的反應會因爲振動而改變嗎？

例如，鯰魚面對水面波動時，是不會反應的，但是在地震之前就會有反應了。地震在橫晃之前會先縱晃，而鯰魚對於這種人類不在意的縱晃非常敏感。

而如果在橫晃之前有縱晃發生，鯰魚就會覺得這是大地震的前兆，當人類還不在意時，鯰魚就已經非常躁動了。因此，大家才會說鯰魚躁動時，就是地震的前兆。

像這樣，對震動敏感的魚，並不只有鯰魚而已。

根據英國的動物學家莫里斯·巴頓的研究表示，如果訪客離開造訪的人家時，非常粗魯地關上門，則距離一百公尺外湖泊的魚都會跳起來。此外，沿著英格蘭南部的幹線道路有一個湖泊，每當有載重物的卡車通過時，魚也會跳起來。

不過，不是所有的動物都對地震敏感。例如，蚯蚓雖然對於天敵鼴鼠的振動非常敏感，但是對於地震的振動卻沒有反應。我們可以認爲，也許對於蚯蚓而言，鼴鼠的威脅比地震來得大吧！除了對振動敏感之外，關於預測地震，最近的研究顯示，這是對於磁場變化非常敏感的緣故。

在地震發生之前，地磁場會發生變化，動物或是人腦對於這種磁場變化，都會產生反應。流過腦部的血液，其主要的成分是鐵，所以會受到磁場變化的影響。

例如，我們經常聽到在地震之前，狗或貓都躁動不安，在阪神大地震發生後，有人表示在地震之前就已經感覺到不安，這也是因爲腦部的血液對於磁場的變化產生了反應。

每一個人的體內都有血液，但是，有的人在地震之前會有不安的感覺，有的人卻沒有這種感覺。

的確，每個人都有血液，如果只是單純受到磁場的影響，是不會有這種「不安」的情緒的。

「不安」這種情緒，是因爲掌控腦中感情部分的「扁桃體」作用而產生的。而這個地方，就有個人的差異了。

如果要說明，必須要先簡單地敘述扁桃體。

人類的腦是從魚類的腦進化爲爬蟲類的腦，由爬蟲類的腦進化爲哺乳類的腦，接下來才進化爲人腦，新的部分累積在原始的舊部分之上，漸漸地進化，使最新的腦——也就是大腦新皮質飛躍發達。因此，人的腦裡面除了有其他的動物所沒有的發達大腦新皮質之外，還有和其他的動物共通的部分。

這種與動物共通部分的腦，就稱爲「動物的腦」。而扁桃體則擔任這個動物的腦的部分。

動物的腦和生存有關係，但是其作用方式就依每一個人的荷爾蒙分泌量而有

操縱感情的扁桃體

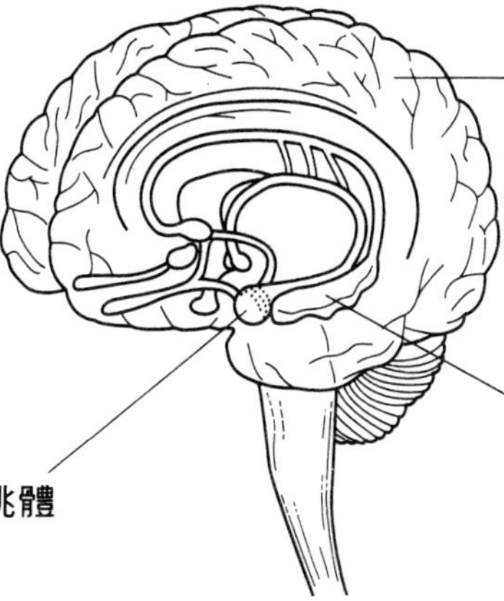

差別。因此，有的人感情比較激烈、有的人感情比較沉穩；有的人容易不安、有的人比較樂天等，在感情的表現方面具有差異。

像這樣，如果要預測天災時，則腦的扁桃體就擔任著相當重要的作用。

當然，這不只是從磁場的異常一直到預知地震而已。

在災害發生之前，總是會感覺有點不對勁，這種微妙徵候的出現，就會讓比較敏感的人產生不安感。

例如，有些職員在車諾比事件發生之前，就已經感覺到「好像哪裡不對勁」。

這是每天正常上下班的職員的腦裡

面，已經累積了機械的聲音等正常狀態的資訊記憶，只要與這些正常狀態有些微的差距，就會引起不安。

自然災害發生時也是相同的。每天住在這裡、感覺敏銳的人，只要遇到和平常有些微妙差異發生時，就會感應到將有災害發生了。

像這樣，注意到「和平常有些不一樣」、「有些不對勁」的時候，是腦的扁桃體和專門掌控暫時記憶而被稱爲「海馬」的領域相結合的部分，活躍地作用的緣故。

因爲海馬存在於「動物的腦」中，所以能夠預知與自己生存有關的危險，也可以說是動物的腦在作用。

●因為不祥的預言而喪命的女性

前項所提到的危險，都不是因爲預知而發生危險。不管是否預知，危險都迫在眼前。如果能夠在事前預知危險，那麼也許就可以尋求逃脫的對策。反之，自己就會深陷在危險中。

所謂預知，就是有這樣的性質，但是也有例外。如果不預言是不會發生任何事情的，但是因爲預言，反而使預言實現，這就是稱爲「預言成就」的現象。

「預言成就」有時是非常恐怖的。以下介紹一段故事。

一九四三年八月十三日的星期五，美國喬治亞州奧基非諾基濕地，誕生了三個女孩。

在那種偏僻的地方，當地只有一位助產士，三個嬰兒都是由這位助產士來接生的。而助產士接生之後，分別對三位母親說了不祥的預言。她對第一個初生嬰兒的母親說道：「這個孩子在十六歲的生日之前會死。」對第二位母親說道：「這個孩子在二十一歲生日時會死。」然後對第三位母親說道：「這個孩子在二十三歲生日之前會死。」

母親們覺得這只不過是助產士信口胡謅的話，並不在意。然而，第一位出生的女孩，在十六歲生日的前一天，因爲意外事故而死亡。第二位女孩也在二十一歲的生日當天，於酒吧裡面被流彈打傷而死。

因爲兩次的預言都成真了，剩下的一位女孩就非常害怕。當二十三歲的生日即將來臨時，她跑到醫院去求助，並且說明了這件事情。

雖然讓她住院，但主治醫生弗林賈博士以及其他的醫生們都不在意這個預言。但是，因爲她非常害怕，爲了謹慎起見，就爲她進行各項檢查。

檢查的結果，顯示她的身體非常健康，只是胖了一點，好像有點喘不過氣來。除此之外，都沒有發現任何的異常。

不過，在二十三歲生日的前一天，她突然變得非常衰弱，脈搏跳動加速，心律不整。

爲了要拯救她的性命，醫師緊急動了血管切除術，雖然暫時控制症狀，但是不久之後，她開始冒冷汗，呼吸紊亂。終於在傍晚時死去。

爲了要探究死因，照例進行了解剖檢查，卻找不出死因。

爲什麼這個女孩會有這麼令人無法理解的死法呢？難道助產士在接生時，就已經預知她的死期了嗎？

如助產士所預言的，三個女孩都死了，前兩個女孩另當別論，但是對於死因不明的第三位女孩的情形，我們將其稱爲「預言成就」的現象。

所謂「預言成就」，就是因爲預言而限制了行動，心理上一直有要讓預言成真的想法。我們經常可以在尙未文明化的民族或是容易受到暗示的人身上看見。

以民族的情況來說，如果祈禱師（舉行宗教儀式的人）宣告「你會死亡」，則被宣告的人就會慢慢地衰弱而死。與其說這是祈禱師預知對象的死亡，倒不如說是藉由預言「你會死」，使對方的信念動搖，而趨於死亡。

爲什麼祈禱師能做到這一點呢？爲了要瞭解，我們應該要先探討被宣告死亡的人其內心會出現什麼樣的變化呢？

人一旦被具有權威或自己尊敬的人宣告「你會死」，則任誰都會反問：「爲什麼我非死不可呢？」接下來就會自找理由：「好像是因爲我做了這件事，所以非死不可。」讓自己的信念動搖，後來真的認爲：「我是非死不可的人。」

當自我印象改變之後，則新的印象就會控制自己的行動。

當然，自我印象並不只是朝著不好的一方變化而已。例如，成爲父親的男性，自覺當了父親，認爲自己應該要有「父親」的樣子，這就是朝好的方向作用。

可怕的是，當自我印象朝壞的方向變化時，甚至會影響到免疫系統的荷爾蒙分泌，因爲壓力積存在體內，導致身體衰弱，最後難逃一死。

不只是在祈禱師的世界，比較容易受到暗示的人，也有可能發生同樣的事情。如預言般死亡的女性，從小生長在偏僻的鄉下，她的生長環境，是屬於非常迷信、容易受到暗示的類型。此外，因爲聽到之前的兩個人都如助產士所預言般而死亡，因此就深信助產士的預言具有權威性。她開始貶低自我印象，以自己是十三號星期五出生爲由，認爲自己一定會死亡。如此巨大的壓力滯留在體內，使得荷爾蒙分泌紊亂。在這樣的心理因素之下影響到身體，導致衰弱而死。

像這樣，讓被預言的事情實現的心理，就稱爲「預言成就」。但這不單是往壞的方向作用而已。

如前面所述，祈禱師也會讓患者認爲自己的疾病「痊癒」，藉此來醫治患者的疾病。這和預言對方「死亡」，使對方衰弱致死的情形正好相反。

相同的，我們經常也會對未來描繪「這件事情一定會順利進展」的印象，並且相信一定會實現，藉此使自己描繪的景象真的在未來實現了。關於這一點，將在後章再進行討論。

●同樣的狀況、同樣的時代所帶來的第六感

即使彼此之間有什麼不一樣的地方，但是在類似的「狀況」，以及相同的時代下，也會想到相同的事情。

例如，英國的小說家柯南．道爾，就有以下一段小插曲。

道爾住在瑞士肯米山頂的一家旅館時，就以那個地方爲舞臺，想出一個小說的故事。

他所居住的旅館建築在山頂，當冬天大雪降臨時，交通就會被阻斷，所以他有三個月的時間都呈現孤立狀態。

如果自己被關在這樣的地方，每天都無法和其他人見面……道爾如此想著。創作慾驅使他下山，他在回家的途中買了莫泊桑的短篇集。

道爾閱讀了其中一篇『旅館』的短篇文章，嚇了一大跳。因爲裡面所敘述的故事內容，就是以肯米山頂的旅館爲舞臺，而且故事的內容和道爾所想的幾乎一模一樣。

道爾之前並沒有讀過莫泊桑的短篇小說，也不知道他發表過這樣的小說，所以才會想要將自己在肯米山頂上的感覺，以小說的方式表現出來。但是，在讀過莫泊桑的小說之後，他只好放棄這個念頭。

爲什麼道爾會想出和莫泊桑小說一樣的內容呢？因爲，肯米山頂的旅館是屬於特異的環境，莫泊桑對這個地方非常有興趣，身爲一位小說家，又被這個靈感所驅使，所以就以這個特異的環境爲背景。道爾也身處在相同的特異環境中，所以會有相同的想像。在這裡的關鍵就是「相同的狀況」。

像這樣，得到相同狀況資訊的兩個人，會因爲這個資訊的提示而有相同的想法，除了小說家之外，還有其他的例子。

例如，達爾文的進化論，並不是他一個人想出來的。拉馬克等幾位學者，都和達爾文同時有相同的想法。

不只是達爾文的進化論，有關於發明或是發現，也有很多人會在相同的時代產生相同的想法。

這是因爲在相同時代的研究家或發明家，接受了相同資訊的緣故。

例如，以達爾文進化論來說，當時的一般人都相信人是由神所創造的，但是在科學的世界裡，如伽利略的地動說等，產生出和基督教教義相反的科學發現。換句話說，科學家們被提供的訊息就是「基督教的教義並不是絕對正確的」。

如此，在相同的時代、相同的地區，而且有相似的狀況，能夠得到相同的資訊與知識，就會有許多人擁有相同的想法。亦即任何人都有可能出現和被稱爲天才的人一樣的想法。

而這種思考的內容如果要發展爲科學的體系，就非得要靠天才不可。時代的精神或文化觀，會在具體的交流中反映在意識裡。

●容易被誤認為預知的心理作用

前面已經提及有關於預知的基本構造，但是在此希望各位也能夠瞭解，在被認爲是「有預感」的狀況中，事實上也包含了各位誤認爲只是偶然發生的事實，或是被稱爲「事後附加事實」的心理作用。

首先，來介紹什麼是誤認爲偶然發生的機率。

在我們認爲是「很少發生的偶然」的事情中，事實上，有很多事的發生機率是非常高的。

以「預知」爲例，當我們想起某個認識的人，沒想到過了不久，就聽到這個人的死訊……。

如果要問這種事偶然發生的機率有多高？也許大家都會覺得這是很少發生的。

然而，從統計學的觀點來看，事實上，機率並不低。

根據物理學家路易斯．阿爾巴勒斯的統計，當我們在想起某一位認識的人的五分鐘之後，得知這個人死訊的現象，在美國的某一處，每天大約會發生十件。

像這樣，我們往往會誤解這種事偶然發生的機率比實際上低，而對於自己的「預知」，就會加上一種「事後附加的事實」的心理作用。

所謂「事後附加的事實」，就是在我們得知認識的人死亡，或是有事情發生的時候，回想到之前的事情，就會認爲「難怪有不祥的預感」或是「我才剛想到那個人」等，是一種好像想起特別事情的心理作用的錯覺。

爲什麼會發生這樣的錯覺呢？

前章已經敘述過，人的記憶在視覺有視覺的領域、在聽覺有聽覺的領域，分散在腦的各處蓄積起來，當我們要回憶時，就會將這些記憶綜合起來。

在這種綜合各領域的過程中，記憶就會被扭曲。更正確的說法，應該是在說的這種表現行爲中被再構成。

尤其是在得知的人死亡的狀況時，會表現出非常驚訝、悲傷的強烈感情，記憶因此也容易被歪曲。

例如，當在得知自己的朋友死訊之前，心情有一些焦躁，雖然這種焦躁的心情在平常也可能發生，但是如果在之後得知自己朋友的死訊，就會想起這個焦躁的印象，誤解這種焦躁的感覺是一種不祥的預感。

或者是當我們在想起某一位認識的人之後，就得知這個人的死訊，或是突然見到這個人、接到這個人的來信等。

事實上，偶然想起自己好久不見的人的機率非常高。人腦的作用幾乎是無意識的，尤其是當我們不打算回憶某件事時，這個記憶反而會在腦海裡出現。

像這樣，零零散散所回憶出來的事情，通常是自己記得不太淸楚的事情。

然而，如果在自己想起之後，就收到對方的訃文，或是接到對方的來信、突然造訪等，這時就會在腦海裡留有非常強的印象，認爲自己有「原來是這樣，難怪那時我會想起這個人」的預感。

但是，這終究只是說明在「預知」中有這種心理作用，並不能完全解釋所謂的「預知」。

被稱爲是「預知」或「不祥的預感」，這是從平常就必須要掌握微妙的變化，感覺「有什麼不對勁」或是磁場異常時，就能預知危險的狀況，以及以敏銳的觀察力來預知社會的動向。

此外，在預知親人死亡方面，也不是完全的偶然以及「事後附加的事實」而已，應該也包含了心電感應的要素。

第三章

與遠方的人進行意識溝通的心電感應的秘密

在北極和紐約之間進行的心電感應實驗

如前所述，「預知」中也許含有心電感應的要素。如果真的存在，那究竟是什麼東西？是以什麼樣的形態表現出來呢？

在第三章，我們就要來探討這個問題。

首先介紹曾經進行過著名的精神感應實驗，非常有名的北極探險家休巴特．威爾金斯的實驗。

威爾金斯並不是超能力者，只是對於心電感應深感興趣而已。從一九三七年到一九三八年，曾到北極進行過十一次的探險旅行，並且計劃和友人也就是心電感應的研究家哈洛多．賈曼，一起進行偉大的心電感應實驗。

實驗的內容是，當威爾金斯在北極進行探險時，一個星期三次，在固定的時間內集中精神進行打坐，藉由心電感應，將自己周遭發生的事情傳達給在紐約的賈曼。

當然，如果這個實驗只有兩個人進行，則即使實驗出來的結果是「能夠藉由心電感應傳達」，也無法取信於人。像這類的實驗，一定要具備不是謊言或是憑空捏造的證明才行。

於是，他們就請哥倫比亞大學的心理學家卡多納．馬費博士擔任證人。賈曼將自己在實驗中接收到的映像記錄下來，並且郵寄給馬費博士，事後再進行兩者的比對。

在這項實驗中，賈曼記載了六十八次的記錄。當然，其中也有完全沒猜中的，但是大部分和威爾金斯周圍所發生的事情是吻合的。

例如，一九三七年十一月十一日，賈曼是這麼記錄的。

「你和穿著軍服的男子們在一起。——有幾位女性——穿著晚禮服——社交的儀式——重要人物出席——吵雜的談話。你也穿著禮服。」

這一天，威爾金斯因爲下雪的關係，只好在登陸的里賈納市裡租了一件禮服，出席典禮。

此外，同年的十二月二十一日，賈曼是如此記錄的：「今天晚上，所有的人都喝了上等的酒。大家好像都在喧譁，非常熱鬧……。」的確，威爾金斯在這一天，請所有的部下喝了上等的藍莓酒。

翌年的三月十四日，賈曼寫著：「在機體的後部發現了必須修理的龜裂痕跡。操作著好像手壓泵的東西。一個引擎冒出了黑煙……。」事實上，這天的情況幾乎就和描述中完全一樣，引擎發生了一點故障。

如果這些記錄只有一、兩項符合，只能算是隨便寫寫的偶然命中而已。在此，如果要判斷是否真的接收到心電感應，那麼，我們就要來討論隨便寫寫而命中的機率了。

據說賈曼所記錄的六十八次記錄中，幾乎都沒有隨便寫寫而相同的偶然發生，可以說是幾乎一致，兩個人之間真的進行了所謂的心電感應的交流。

●在不同的兩個房間，仍然可以傳遞衝擊

威爾金斯的實驗比較古典，但是有關於心電感應的實驗，在近年來時常被舉行。最近的實驗利用腦波的測定等尖端的機器，不只是單純地瞭解是否有心電感應存在，並且能夠闡明部分心電感應的真面目。

例如，最近有一個心電感應的實驗如下。

請兩位被實驗者，一方擔任心電感應的傳送者，另外一方擔任心電感應的接收者，兩人分別在不同的房間裡。然後在心電感應接收者的被實驗者身上，裝上測定腦波、GSR（皮膚電位反應）、心跳數、呼吸等的感應器。

在這種狀態之下，當心電感應的傳送者接受到物理性的衝擊時，如果能藉由心電感應將這個衝擊傳達給接收者，則接收者應該會產生生理上的反應。這個實驗就是要確定這種現象是不是真的會發生。實驗的結果到底如何呢？

實驗的結果就是當傳送者接受到衝擊的時候，接收者身上裝置的各種感應器，也會產生生理上的反應。

這時，接收的被實驗者並不是下意識地感覺到「傳送者現在受到打擊」，但是他們的腦波與心跳數等，都會產生某種生理性的動搖。這種反應尤其容易在雙胞胎的身上發現。雙胞胎對於心電感應的反應非常敏感。

因為我們不瞭解實驗的詳細狀況，所以無法斷定，但是我想這也許和之後會敘述到的「共同感覺」或是「同步現象」（Synchronism）有關係吧！

所謂的同步現象，就是兩人即使不說話，也能夠從心情及行爲的共鳴產生一致的現象，尤其經常發生在母親與孩子，以及同卵雙胞胎（此外，這和榮格的深層心理學所說的「共時性（Synchrocity）」的意義不一樣。共時性是指對當事人而言，發生不可思議的偶然一致現象）。

同步現象是不是能夠擴大爲心電感應呢？到現在還無法瞭解。但是，假設同步現象包含了心電感應的要素，那麼很自然地我們就可以瞭解同卵雙胞胎容易具有心電感應的原因了。

從其他的實驗中，我們也可以瞭解心電感應是確實存在的，但其真面目到底爲何呢？

●心電感應交流的構造

要瞭解心電感應的真面目，就必須從兩方面著手。心電感應是以什麼能量來傳達的呢？而腦又是如何接收心電感應呢？現在我們就來探討心電感應是藉由何種能量來傳達。

在哪裡接受靈感呢？

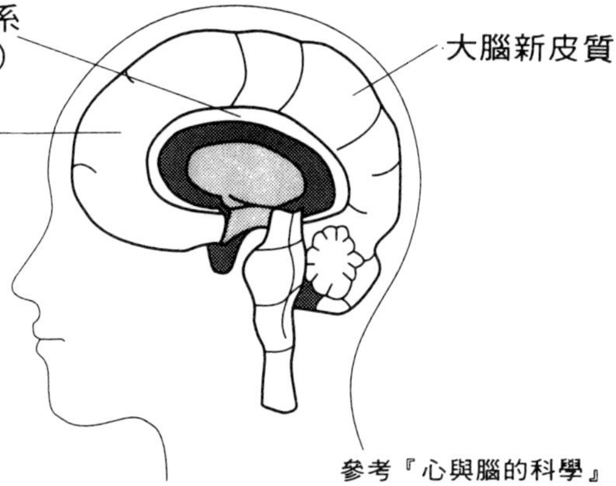

參考『心與腦的科學』

針對這一點，雖然還不是十分瞭解，但有以下幾點假設。

首先，長期以來一直被視爲有力學說的，就是一種電磁能量的說法。這種電磁能量說從十九世紀登場。前蘇聯對於心電感應的研究，就是朝這個假設來進行的。

這項學說有一個缺點。如果是屬於電磁能量來傳遞，那麼距離越遙遠，應該是越薄弱的。但是，經由各式各樣的實驗，卻證明了心電感應並不受距離遠近的影響。

因此，近年來英美的學者就否定了電磁能量說，取而代之的是不含物理性能量、超時空的假設能量登場。

如果是從另一個腦是怎樣接收心電感應的角度來思考，那又會是怎樣呢？首先，應該思考是腦的哪一個部分接受心電感應的呢？

關於這一點，要先來探討大腦新皮質的額葉。

大腦新皮質是人腦中最新的部分，因爲大腦新皮質的飛躍發達，使得人類有了和其他的動物不一樣的知性頭腦。人類之所以會創造各種道具、藝術、各式各樣的發現，並且擁有發達的社會制度，藉由知性的創造活動來增進文明的發達，就是因爲有發達的大腦新皮質的緣故。

額葉在大腦新皮質中，頭部前方的位置，也就是正好在額頭的內側。

額葉包含了與動物腦的大腦邊緣系統同心協力進行作用、專門掌控運動領域的「運動區」和「運動前區」，以及計劃、決策事物，並且發送命令的「額中樞」的領域。

如果額葉發生了意外或是生病而被破壞，就非常糟糕了。因爲這樣一來，就無法思考、計劃複雜的事情或是集中精神。換言之，額葉在人腦的作用中，是屬

神經元的構造

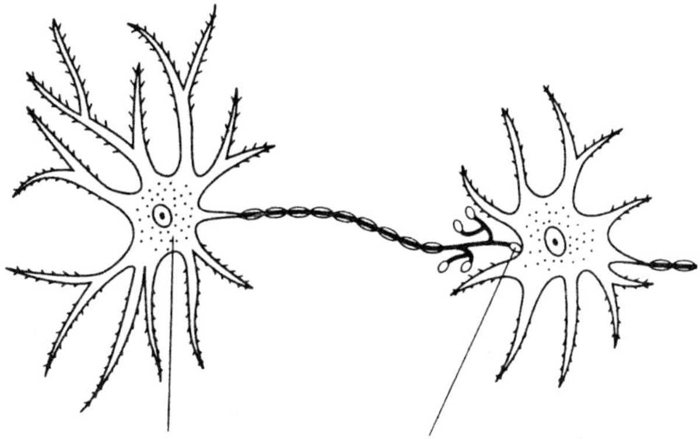

於最高度知性作用的部分。

照理說，應該是藉由進化，而使人類發達的額葉的某個部分，接收到經由某種能量而傳送過來的心電感應。

那麼，人是如何接收心電感應的呢？有關於訊息的內容，皆有賴於腦的神經元的作用。因爲神經元的組合是知識、記憶的內容。把它當成想像的東西也是一樣的。

這和「神經元的點火形式」現象有關。要說明這一點，一定要先說明神經元的作用方式以及「意識」。

我們的腦有許多的神經元，分別擔任不同的工作。但是，並不是所有的神經元的活動方式都有相同的作用，有作用興奮、活潑的神經元，也有作用不太活潑的神經元，而哪一部分的神經元活潑活動，有其一定的形式和節奏，並且不停地交替。

這種神經元作用興奮活潑的狀態，就稱爲「神經元的點火」，而大腦皮質的神經元，一旦滿足幾項條件時，就會點火而產生「意識」「記憶」。此外，意識所產生的神經元的點火形式，其反應出來的表象即稱爲「神經元的點火形式」。

希望各位能夠理解，「意識」只不過是內心作用的一部分而已。內心的作用幾乎都是在無意識中進行的，所以意識只佔其一小部分而已。

以記憶爲例。

我們從小到大有各式各樣的體驗與記憶，但是幾乎都忘了。有時會經由某種暗示或契機，回憶出來之後又忘記了，並且產生別的記憶。

就像這樣，我們意識回憶出來的記憶，會不斷地改變。爲什麼會產生這樣的現象呢？爲什麼平常已經忘掉的記憶會暫時載入意識中，出現在腦海裡呢？

要說明這個疑問的原理，從「神經元的點火形式」來探討，也許是比較有效的方法。

換句話說，滿足幾項條件的神經元點火時，引起點火的神經元又會靠近別的神經元，在腦的網路裡面流通的情報，結成多數的神經元群，當到達一定的活性度時，就成爲「意識」。

而這種意識所形成的表象，就稱爲「神經元的點火形式」。

這種點火形式不只是意識而已，也和情動（感情）有關。不管心電感應是藉由何種能量使得神經元的點火形式產生作用，但也許都是對情動的部分作用，而產生原始的訊息內容（神經元的組合）。即使是同步現象，我們也可以視爲是母子之間存在情動的共振因素存在。

有關於心電感應的部分，現在都只是處於假設的階段。隨著腦研究的發展，我們期待有更詳細的發現。

●年幼的孩子能夠解讀母親內心的「同步現象」

那麼，心電感應到底是從什麼時候開始出現的呢？最令人感興趣的是年幼的孩子。尤其是有障礙的孩子，長大以後仍然能夠解讀母親的心。

例如，美國威茲利安大學的多瑞克博士的實驗中，有一位叫做保爾的十一歲智障少年的例子。

保爾平常無法閱讀文章或進行複雜的運算，但是，只要母親在身邊，他就能夠閱讀或進行複雜的計算。

多瑞克博士覺得不可思議，於是開始深入研究保爾是在什麼情況之下能夠發揮他的讀書及計算能力。研究結果顯示，保爾能夠發揮優秀的計算能力，是因爲母親在旁邊進行心算的緣故。

換句話說，保爾並不是自己計算，而是藉由母親心算所出現的答案。也就是他能解讀母親的心來回答問題。

這也和「共同感覺」或「同步現象」有很大的關係。

所謂的同步現象，就是藉由以心傳心的方式，來傳達心情或身體的動作。尤其可以在母親和幼兒，以及同卵雙胞胎的身上看見。

母親與幼兒間的同步現象，是以幼兒依賴母親爲大前題。

因此，一般而言，隨著孩子的成長獨立，與母親之間的同步性就會越來越淡薄。但是像保爾這樣的孩子，即使長大成人，也依然會依賴母親，所以與母親之間的同步性會維持和幼兒時一樣。

從幼兒或障礙兒能夠解讀母親的內心這點看來，與母親之間的同步性有很大的關聯。這就證明了孩子們不但能夠解讀母親的心情，而且能夠解讀更複雜及知性的事情。

從這一點出發，於是就出現了母親與孩子之間的同步現象中，包含了心電感應的要素的說法。

關於這一點，雖然現在還沒有完全闡明，但這也是推測幼兒具有大人所沒有的能力的根據。幼兒的腦和大人的腦其構造是不一樣的。

有人認為，人類的腦是從孩提時代到長大成人慢慢地在成長，但事實並非如此。幼兒的腦和大人的腦其不同的程度，令人驚訝。雖然神經元的數目幾乎沒變，但是最大的不同就在於神經元與神經元連接的突觸（參考七十三頁）數目。神經元的突觸數量越多，神經元之間的連結就越多樣化，記憶能力也越強。

一般人認爲突觸的數目會隨著加齡而慢慢地增加，但是事實上，幼兒的突觸數量比大人來得多。這是芝加哥大學神經生物學者彼德．哈田羅夏，仔細計算死亡者腦中的突觸所發現的。

根據哈田羅夏表示，剛出生的嬰兒的腦有二五三〇億個突觸，隨著成長，會有爆發性的增加。出生八個月之後的嬰兒，突觸達到了五兆七二〇〇億個，然而這種爆增的突觸，不久之後就會開始減退，到了十二歲左右，降低到三兆五四〇〇億個。

換句話說，十二歲左右的孩子其突觸比大人多出很多。因此，孩子能夠發揮大人不具備的知性能力。例如，在學習外語時，孩子就比大人容易記得住。這也是因爲孩子的突觸比大人多的緣故。

此外，像記住照片的這種能力，幼兒也比大人強。給幼兒看一眼結有一百個蘋果的蘋果樹圖片，他就能說出上面的數目。

從這種孩子的腦與大人的腦不同的方向來思考，雖然還無法確定是屬於心電感應或是另外一種的第六感，但是可以確定的是，幼兒具備大人所沒有的能力的可能性非常大。

●孩子能夠發揮驚人計算力的不可思議能力

孩子能夠發揮的特殊能力，並不僅止於心電感應。其中有些孩子也能夠發揮像電腦一般的計算能力。

例如，少年班傑明・布萊斯和父親在散步時，問父親：「我是幾點出生的呢？」父親回答：「上午四點。」於是他就用幾分鐘的時間思考出從自己出生到現在已經過了幾秒。

回家之後，父親爲了要確定兒子的答案是否正確，於是用筆進行計算。結果計算出來的答案比兒子所說的少了十七萬二千八百秒。

於是，父親就告訴兒子：「你多算了十七萬二千八百秒。」這時候班傑明告訴父親：「你忘了算閏年了。」父親驚訝之餘，再將閏年多出來的兩天加入計算，結果發現兒子的答案完全正確。

此外，在優秀計算能力中非常有名的少年吉拉・克爾班，有一次被問道：「費馬級數的第六個數是不是質數（不能夠被其他數整除的數）？」費馬級數的第六個數，是利用指數複雜計算式所導出來的數字，爲四二億九四九六萬七二九七的龐大數字。但是，吉拉卻能立刻計算並回答：「它不是質數，因爲它能夠被六四一整除。」這是正確答案。

除了班傑明和吉拉之外，也有其他的孩子發揮了非常優秀的計算能力。

他們爲什麼能夠在這麼小的年紀，就進行複雜的計算呢？關於這一點，他們最初看見數字時，是以稱爲「直觀像」的方法來記憶的。

所謂直觀像和我們記憶數字的方法完全不同。我們平常在記憶數字時，是依照數字的資訊一個一個數字加以記憶，但是直觀像則是像在記憶圖畫一樣。

孩子們看到龐大的數目字時，就像記憶繪畫一樣，在看到的瞬間就在頭腦裡記住這個畫像。

另有一說，大約有一成的孩子能夠利用這種方法記憶，但實際上還不清楚其正確性。

利用直觀像記憶數字而進行計算的孩子，讓他們算單純的加法時，非常快速而且答案正確。但是這種特殊的能力，到了成人之後就減弱了。此外，藉由直觀像也可以進行乘法或是除法，這倒是一個疑問。而且像先前所提到的班傑明或吉拉，他們是否能夠利用直觀像進行這樣的計算，也不得而知。

●經由科學證明的「氣」的存在

與心電感應關係密切的還有「氣功」。分析氣之後，如果能夠知道腦的作用，就能經由認知科學的表現來加以闡明。

氣功分爲「內氣功」以及「外氣功」，其中的「外氣功」，就是對他人直接施以物理力量而造成影響的氣功。爲什麼對他人運「氣」，就能治療對方的疾病呢？從好幾年前開始，科學家們就一直在研究這個問題。

日本的科學技術廳非常關心氣功，而且附屬機關放射線醫學綜合研究所，也在一九九五年成立名爲「利用多樣同時計測從事生物體解析法的研究」的氣功研究所。在一連串的實驗中，我們來看看利用外氣功吹跑人的實驗。

這個實驗是位於大樓二樓的氣功師，對著位於五樓的被實驗者運氣，確定被實驗者是否會被吹走。

這時，位於五樓的被實驗者並不知道氣功師何時會運氣過來，但是在運氣的一秒內，他的身體就飛了起來。同樣的實驗持續進行了半年的時間，這種現象經過了數次的確認。

此外，『DENiM』一九九三年九月號，也介紹了該雜誌社所進行的外氣功「遠距離外氣照射」的實驗。

在被實驗者的身上裝上交感神經計以及腦波計，讓他坐在距離十公尺外的一個房間內，然後請氣功的高手運氣，看看交感神經及腦波是否發生了變化。

一開始被運氣時，腦波計裡有雜音進入，所以無法測定。但是，經過三十二分鐘之後再送一次氣，結果原來呈現β的被實驗者的腦波，就顯現出放鬆的αⅡ波。交感神經計也顯示出放鬆的狀態。三十四分鐘之後，被實驗者表示「身體的左半部麻痺了」。

再度進行相同的實驗，這次在一開始運氣之後，腦波計也和第一次一樣有雜音。過了一陣子之後，腦波同樣轉變爲αⅡ波。

在第二次的實驗中，中途中斷氣的照射，藉此看看腦波是否會起變化。結果發現在中斷的期間，被實驗者的腦波仍然保持αⅡ波的狀態。

科學家對於這個實驗做了以下的判讀。

其中一項判讀是「這並不是藉由暗示的誘導。氣是能夠鼓勵人意識的能量。」因爲被實驗者在事前並不知道實驗的內容，所以這應該和暗示無關。

另一位科學家的判讀則與此相反。他認爲「變化也許是被實驗者想出來的，無法斷定這是否真的是氣所造成的。」這個判斷的根據，就在於即使在中途中斷，被實驗者的腦波仍然是呈現αⅡ波的狀態。就物理的觀點來看，如果被運氣的這種能量中斷時，腦波應該會產生變化。

姑且不論哪一方的意見正確，我們應該先想想看，氣功實際上是否能放出「氣」這種能量呢？

從結論而言，科學也瞭解了「氣」的存在。

但是，以氣進行放鬆、治療疾病的情況來說，到底是因爲氣產生物理的作用較大，還是接受氣的人的心理作用較大呢？不明白的部分尚多，我們也只能夠依照個案來討論了。

以這個實驗來說，因爲被實驗者並不知道實驗的內容，所以物理作用的可能性較高。但是這種實驗並不能夠淸楚地看出是屬於哪一方的作用。

如果要區分是哪一種的作用較大，我想請相信氣功效果的人，以及完全不相信氣功效果的人，擔任被實驗者來進行比較，這也是一個不錯的方法。

如果相信與不相信氣功效果的人的實驗結果相同，我們就可以認爲這是藉由氣而產生的物理效果。如果對於相信氣功效果的人有效，反之則無效，那麼，我們就可以說氣的效果完全是心理作用。

此外，如果相信及不相信氣功的人都有效果，但是相信氣功的人效果較強，那麼我們就可以判定，不相信氣功的人所產生的效果，是藉由氣的心理作用。而相信氣功的人所產生的效果，除了物理的作用之外，還加上心理的作用。

具體而言，氣的構造到底如何，到目前爲止還沒有出現詳細的實證研究。

第四章

在瞬間解讀對方內心的以心傳心

●為什麼母親會瞭解嬰兒的心情呢?

前章所提到的心電感應，是在人與人之間溝通時所表現出來的第六感，但是正如各位所知，心電感應也可以不透過語言而傳達心情。

人與人之間的交流包括了動作及語調等，只要稍微注意，就會發現除了語言之外，各式各樣的交流也扮演著非常重要的角色。

透過各種微妙的交流法，可以使自己瞭解對方的心情，並且傳達自己的心情，讓對方對自己產生好感，我們只能將其稱爲第六感。

本章要敘述的是前章已經提及的，亦即和解讀孩子的內心能力有非常密切的關係，也就是在母親及嬰兒之間可以見到的同步現象。

前章已經敘述過，幼兒或是有障礙的孩子，能夠解讀母親的內心，但並不只是孩子能夠充分地瞭解母親的心情而已，就連母親也能夠解讀孩子的內心。

看看剛出生嬰兒的狀態，就能夠充分瞭解了。

剛出生的嬰兒不會自己吃東西，不會自己上廁所，冷了也不會自己穿衣服，甚至不會用語言表達「我肚子餓了」，或是「我的尿布濕了」「好冷」等來傳達自己的要求。

但是藉由哭泣，就能使母親滿足他的要求。肚子餓了，母親就會餵奶；尿布濕了，母親就會換新的尿布；冷的時候，母親就會爲他加衣服。

嬰兒不用說話，母親就能夠滿足他的要求。

除了母親以外，大概沒有人能夠做到這一點吧！尤其是偶爾來玩的親戚朋友，因爲和嬰兒接觸的機會少，所以就算嬰兒哭泣，他們也搞不清楚嬰兒的要求是什麼。

然而，母親就能夠很快地察覺到「他肚子餓了」，或是「尿布濕了」。爲什麼母親能夠這麼快速，而且正確地察覺嬰兒的要求呢？

前章已經提及，同步現象中也包含了心電感應的要素。但是，應該也還含有其他的主要理由。也許那就是母親和嬰兒之間的節奏充分契合的關係。

那麼，母親與嬰兒之間的節奏是如何契合的呢？關於這一點，應該先來思考剛出生嬰兒的狀態。

剛出生的嬰兒，在此之前都待在母親的體內，聽著母親心臟的鼓動，和母親維持同一節奏。另一方面，從母親的角度來看，在肚子裡面的嬰兒，就好像是自己身體的一部分。這種關係即使到嬰兒生下來之後，也依然持續著。

許多研究家都指出，剛出生的嬰兒不具有清楚區別自己及母親的能力，爲了自己的生存，會全面地依賴母親。

例如，肚子餓的時候，母親會拿牛奶給自己喝；尿布濕了，母親會爲自己換尿布。從嬰兒看來，母親能滿足自己的要求，就好像是自己身體的一部分一樣。

另一方面，以母親的立場來說，當嬰兒哭泣時，母親就會四處奔走來滿足嬰兒的要求。母親與嬰兒之間都維持著好像是對方身體一部分的一體關係。因此，他們的節奏是充分契合的。

像這種節奏契合的狀況，不只發生在母親與嬰兒之間，在好朋友或是近親之間，尤其是同卵雙胞胎中，也經常可以看見。女性好朋友之間，有時候連月經的週期都一致。

我們常說的「合得來」「很投機」「波長相合」等，都代表著節奏契合。

節奏契合，就能夠充分地瞭解對方的心情，這就是前面已經提及的「同步現象」或是「共同感覺」。

在各種人際關係之中，同步現象最強烈的，要算是母親與嬰兒之間了，而其原因正如前述，那就是因爲母親一手負擔嬰兒生存的緣故。

像這種母親和嬰兒的一體關係，心理學的用語稱爲「母子共生」。

●希特勒的演說中含有「1／f波」

配合對方的節奏，是非常有效的交流手段。但是，如果對方不是一個人，而是不特定多數的大眾，那該怎麼辦呢？

對方只有一個人，當然可以配合對方的節奏，但是在有各式各樣的人聚集的場合，該怎麼樣配合對方的節奏，來搏取大家的好感呢？

先說結論，這當然是有可能的。事實上，在歷史上就有幾個人藉由這種節奏的契合，來獲得一般大眾的歡迎。最典型的例子，就是德國的獨裁者希特勒。

希特勒藉由納粹的一黨獨裁，實行思想上的打壓。引發了第二次世界大戰，並且虐殺及打壓猶太民族，是一位惡名昭彰的政治家。

他的權力建築在以納粹的軍事力量爲背景的時代中，但是僅藉由軍力，就能夠讓他得到德國最高的寶座嗎？絕非如此。

希特勒在攬權之後，雖然進行獨裁政治，但是在此之前，他是依照民主主義的順序，獲得民眾的支持，並且在選舉中獲得勝利，因此而抬頭的。

德國人可以說是非常講究理論及合理的民族，那麼，爲什麼他們會這麼支持恐怖的希特勒，並且在選舉中投票給納粹黨員呢？

很多學者針對這個理由進行研究，並且發表各式各樣的學說，其中有些學說非常有趣。那就是希特勒是藉由某種節奏，迷惑了聽眾。

希特勒活用的節奏之一就是音樂。他在演說之前，一定會播放華格納的音樂來帶動氣氛，效果顯著。

另外一點就是，在希特勒演講的語調中，存在著讓聽眾聽了會覺得深具魅力的節奏。

日本研究音樂療法的渡邊茂夫博士，分析了希特勒的演說。他表示在希特勒的演說中，存在一種讓人耳朵聽了會覺得很舒服的「1／f波」。

這個「1／f波」到底是什麼東西呢？

所謂「波」就是連續卻不單調，而是有變化的音樂或自然的聲音，或是自然界的各式各樣的東西。包含心臟的鼓動或腦波等和人體有密切關係的東西，一切都含有所謂的「波」。

如果「波」搖晃得太劇烈，使得腦部接受太強烈的刺激時，就會感到疲倦。反之，幾乎沒有搖晃，呈現規則的聲音或節奏時，對腦的刺激太少，也容易讓人覺得厭倦。換句話說，讓人感覺最舒服的是，不要太激烈或太規則，而維持平衡的波。

這種讓人感覺非常舒服的波，就稱為「1／f波」。

在演講時，如果波太激烈，就會讓人感覺好像是噪音一般；波太平穩，又好像是催眠曲一樣，使人昏昏欲睡。兩者都無法得到聽眾的共鳴。不會太吵雜，也不會太無聊的「1／f波」的節奏，才是最完美的演講。

雖然希特勒演講的聲調非常激烈，但是有抑揚頓挫，聲音強度也配合著「1

／f波」，深具節奏感。

以這種「1／f波」的節奏進行演說的人，除了希特勒以外，還有美國的甘迺迪總統等擅長演說的人。

雖說「1／f波」是令人感到最舒服的節奏，但這只是一般論而已，並不是對於任何人而言都會感到舒適。

每一個人都擁有最適合自己的節奏。

而適合自己的節奏，會依照當時的狀態而改變。焦躁時，自己的節奏就會比「1／f波」還激烈；無聊時，就會比「1／f波」還緩慢。

因此，當人在焦躁時，喜歡比「1／f波」還激烈的節奏；無聊時，就會喜歡比「1／f波」緩和的節奏。

如果從音樂的角度來思考，那就容易理解了。

以音樂來說，像古典音樂就是最具有「1／f波」的音樂典型，但也不是說聽古典音樂就能感到舒服。

例如，當我們在焦躁時，就會喜歡節奏快一點的音樂。青春期的年輕人喜歡類似搖滾樂般的破壞性音樂，就是因爲他們比較焦躁的緣故。

反之，當心情鬱悶時，如果聽到快板或是比較具有朝氣的音樂，就會覺得不舒服，寧可聽一些比較柔和的音樂。

因此，如果要實行音樂療法時，首先一定要配合當時的心情，選擇性質吻合的音樂。

就像這樣，令人感覺舒服的節奏，是依當時的心情而改變。所以「1／f波」的節奏，必須要用在不是特別焦躁或無聊的時候。換句話說，它是在一般的心理狀態時，聽起來感覺最舒服的節奏。

●頭腦好的騙子其第六感非常靈敏!?

我們雖然已經瞭解了希特勒藉由演講的節奏來迷惑衆人的原理，但是要學習，卻是非常的困難。更何況，因爲對象的不同，情況也不一樣。要解讀對方的感情並非易事。

而身體所具有的「配合節奏」，也和第六感的能力有關。大部分人際關係好的人，這種第六感都非常優越。

例如騙子，在這種交流的第六感上就非常敏銳。

之所以說騙子的頭腦都很好，是因爲第六感優秀的人，頭腦都不錯。能夠敏感地察覺到對方的感情，符合對方的希望與要求，使得被騙的人對騙子懷有好感，而掉入其陷阱中。

關於這一點，只要看看宗教團體所發生的恐怖事件，就可以瞭解了。

參與事件的人，幾乎都是具有知性及判斷力的優秀人材，因爲內心受到教團的控制，而加入這個騙子團體。關於這一點，我們不可以忽視教團的教主具備了騙子的才能。

教團的教祖，具備了一種詐欺的要素，以某種意義上來看，其第六感非常發達。也許教團的教祖或幹部們，都能夠瞭解人類的弱點或是自尊心等，敏感地察覺一般人所不瞭解的部分，藉此取信於他人並加以掌控。

利用這種方法掌握人心，信眾當然會增加。

藉著這種第六感，使得被吸引的人以爲自己得到了上天的恩寵，因而迷信宗教，成爲信徒。

如果將這種第六感活用在好的方向，那才是真正具有體貼之心的善人。

●營業員利用第六感

在人與人之間的交流方面，最需要第六感的職業，首推營業員。

營業員不只要搏得顧客的好感，並且要能夠敏感地解讀對方的感情。

例如，對個性吊兒啷噹，一副嘻皮笑臉模樣的推銷員，任誰都不會湧現購買慾。營業員可以說是屬於藉由第六感的作用來左右工作業績的職業典型。

那麼，營業員該如何加深顧客對商品的印象呢？

首先，要讓顧客瞭解這件商品的內容。

因此，與其用嘴巴說，倒不如展示照片或圖片；與其展示照片或圖片，又倒不如展示實物。

只要站在顧客的立場來想像，就可以瞭解了。

光是口頭上的說明，即使可以讓顧客理解說明的內容，但是也很難進行想像；

使用圖片或照片，再配合語言的說明，就更容易讓顧客產生印象。但是，如果能拿出實物來，就可以讓顧客親身體驗，產生親切的感覺。

這樣做是有理由的。圖片或照片，只能用視覺資訊來判斷。但是如果讓顧客接觸實物，則不只有視覺感受而已，還加上了「很柔軟」「很硬」等的微妙觸感。

腦對於來自視覺的訊息或是觸覺的訊息，其處理方式是不同的。腦是藉由視覺的領域來處理視覺；藉由聽覺的領域來處理聽覺；藉由觸覺的領域來處理觸覺。亦即分別從不同的領域來處理不同的訊息，然後再綜合進行判斷。這個過程，並沒有達到意識的階段。換句話說，不要只是依賴視覺的訊息，微妙的觸覺也會送達至腦部，而腦就會在無意識中進行綜合判斷。

在無意識中綜合感覺訊息時，就是直覺或是第六感在作用。換言之，直覺或第六感能夠判斷事物的內容。

總之，讓顧客接觸實物，就是考慮到能夠讓顧客藉由自己身體感受的第六感來進行判斷。所以，讓擅長第六感判斷的人來接觸實物，是最好的方法。

一般而言，女性連結右腦與左腦的胼胝體比男性還粗，為了要讓左右腦的聯絡不斷地進行，所以女性的直覺能力優於男性，會用直覺的判斷來取代理性的判斷。因此，要對女性顧客說明商品時，最好是讓她們接觸物品。

所以，先讓顧客接觸實物，再用語言來說明，比先以語言說明，再讓顧客接觸實物的效果要來得好。

此外，讓顧客接觸到實物，也是獲得信賴的最佳方法。任誰，與其從他人的口中聽到「這樣東西很好」，倒不如用自己的直覺來判斷，如此才能產生更強烈的信賴感。

綜合以上的理由，在推銷商品的時候，最好讓顧客實際觸摸到物品，這樣才能夠讓對方更理解、更信賴。

●「複雜系」與第六感的共通點是什麼？

在前項單元中已經提及，綜合來自於五感的各種感覺的過程中，會產生第六感。到此，可能有許多人會聯想到人類的社會。

就像各位所聯想的一樣，產生第六感的過程，與人類社會產生各式各樣東西是很類似的。雖然稍微偏離了溝通的話題，但是在此我還是想先做個說明。

首先，來看看人腦的構造。

人腦就是藉由神經元的連結組成的網路。這個網路能傳達各式各樣的訊息或指令，並且加以處理，使腦進行各種作用。

腦的作用不只是同時進行一項作業而已，而是可以同時處理許多訊息及指令。這在認知科學上稱爲「並列分散處理（ＰＤＰ理論）」，這也是腦作用的一大特長。

人腦就像是許多人同時進行各式各樣工作的公司一樣，多數的神經元以及多數的網路，同時進行各式各樣的工作，以及高度的計算。

例如，「用手拿杯子」這個非常單純的行爲，也必須要經由腦同時計算從手到杯子之間的距離、拿杯子的位置、角度等複雜高度的計算。

不管是多麼大型的電腦，如果只有單獨一臺作用時，絕對無法像人腦一樣快速地進行複雜而高度的計算。必須以人腦爲範本，同時使用數臺小型電腦並行計算，如此一來，大型電腦才能進行原本不可能的計算。

而這種人腦高度的計算，是在無意識之下進行的。絕大多數的人腦作用，都是在無意識之中進行的。

這種在無意識中所進行的腦的作用之一，就是藉由神經細胞神經元的網路形成，使得原來零散的幾個網路在訊息累積中，瞬間成長到一個連結作用的階段。

一旦到達這樣的階段，就會突然理解以前無法瞭解的事情，或是本來想不到什麼好構想而非常煩惱，但突然就靈光一現。這也是藉由第六感的發現或預知的腦內狀態。

這種理解或靈感產生的過程，和最近經常聽見的「複雜系」理論非常符合。

複雜系的理論，是以美國聖塔費研究所爲中心所進行的研究，但是並沒有清楚的定義。研究所的研究者卡斯狄提出了複雜系的形態特徵，就是各因子（Ａｇｅｎｔ／構成這個形態的要素）在互相作用中，同時處理知性的決定，從局部的訊息階段，一口氣改變爲全體的構造。

人腦的構造，可以說是完全符合這個複雜系的形態。

如前所述，腦裡面有許多的神經元，組合成一個網路來進行作用，累積各種訊息，而神經元之間是屬於相互作用的構造。腦的神經元看起來好像各自爲政，找不出規則性，但是如果從大觀點來看，還是可以看出其規則性。

接下來，就好像是突然瞭解或是靈光乍現一樣，產生了第六感。這也是在複雜系的理論中，與「全體並不是部分的總和，而是超越總和以上的東西」相通。

簡單來說，以加法爲例，複雜性就是有五個一相加，但結果並不是五，而是超過五以上的數。

腦就是這樣，全體並不是部分的總和，而是超越總和以上的作用。假設一個神經元的作用爲一，那麼一百個神經元的作用就會超越一百以上。當五感的作用分別爲一時，總和起來就是超越五以上的作用。

關鍵就在於腦全體的作用超過部分的總和以上，這就是第六感。不過，千萬不要誤解「第六感」的意思。

人類的五感是視覺、聽覺、嗅覺、味覺、觸覺等五種，而「第六感」是不存在這五感中的第六種感覺。也許會有很多人想像，是不是腦或是身體的某個地方，有擔任這個任務的器官呢？

但是，看看像心電感應這種特殊的例子，當我們注意到「有什麼不對勁」時的第六感、靈感、創造性等，第六感幾乎不是所謂的「第六種感覺」。

如前所述，人腦的作用是綜合五感的力量，並且能夠產生出比五感分別作用的總和還大的作用。

以數學來說，一乘以五的答案是「五」，但是人腦的作用也許會變成「六」。

由此可見第六感的重要性。

●為什麼妻子會發現丈夫的外遇呢？

在人與人之間交流的第六感中，女性比男性敏銳。要說女性的第六感在哪一方面表現得最爲敏銳？那大概就是發現外遇了。

雖然男性小心翼翼地瞞著妻子，不讓她發現自己的外遇，但最後外遇總會被拆穿。這就是「女人的直覺」。

另一方面，對於妻子的出軌行爲，丈夫比較不容易發覺。爲什麼妻子比丈夫更容易發覺到配偶的出軌行爲呢？女性這種第六感，到底是從何而來呢？

一般而言，妻子在家的時間比丈夫長。尤其是專職的家庭主婦，總是待在家裡，每天過著相同形式的生活。

如此一來，家庭中細微的訊息就容易會藉由五感進入腦內，並且分別記憶起來。對於家庭主婦而言，家庭就是累積訊息的空間。

例如，丈夫脫鞋子的位置，或是進入玄關的表情、態度、吸煙的狀況等，即使丈夫自己不注意，妻子也會將這些形態記憶起來。

這種記憶並不是有意識的，而是在無意識中，每天累積而成的資訊。

就在累積家中細微訊息的同時，如果發生了與平常不一樣的事情，例如，外遇後回到家的丈夫，比平常要來得體貼，這時妻子就會覺得不對勁。

雖然妻子無法用語言來說明到底哪裡不對勁，但是在無意識中，就是覺得和平常不一樣。一旦這種情緒一直持續，就會產生不安感。

這與專業的醫生會注意到患者身體異常變化的第六感是一樣的。因此，這也可以說是家庭主婦從事家事這種專門工作所產生的第六感。

先前提及，女性連結左腦與右腦的胼胝體比男性粗，左右腦不斷地進行聯絡，就會使直覺或想像產生作用。這與女性直覺較優秀，有很大的關係。

此外，第六感是屬於想像的機能。男性對於理論機能較在行，女性則是想像機能較佳。

之所以會產生這樣的差異，有一部分的因素來自於從小父母培育男女的方式不同。

雖然近年來男女學歷沒有明顯差別，但是現在的中老年人在年輕時，男性處於較容易接受高等教育的環境中，一般人對於男性的期待也較強。因此，男性因爲語言優先的教育，使得他們的理論機能較發達，想像機能則較弱。而女性的想像機能比男性發達。

因此，當丈夫出現異於平常的態度時，妻子就會發揮「女人的直覺」，而看穿丈夫出軌的行爲。

另一說則是，女性第六感的敏銳度並不是一直都是相同的，只有在月經來的時候特別強烈。

日本研究民俗學的成城大學的鎌田久子教授表示，妻子識破丈夫的出軌行爲，多半是在月經期間。

其理由是，女性在月經期間，感覺比較敏銳、感受性較強，因此，有像超能力一般的敏銳感覺在作用。

第五章

產生卓越構想的才能者直覺之謎

●專家所具有的第六感是什麼呢？

在前章敘述過，人與人之間交流的第六感，可以活用在與營業員等有關的行業中。但是能夠活用在工作上的第六感，並不僅止於此。想要發覺異常、下正確的判斷或創造新的構想時，也必須活用第六感。

請各位回想前章所提及的，妻子發現丈夫的出軌行爲，其最大的原因就在於妻子是專職的家庭主婦。就像發現丈夫出軌的家庭主婦一樣，各領域的專家在平常就一直活用著第六感。

他們會在自己的專業領域中，利用五感蒐集各式各樣的訊息，並且在瞬間下判斷，產生好的構想。例如，醫師可以很快地察覺病患身體的變化；象棋名人可以比電腦早一步看出棋路；天才的科學家能發現新的法則；藝術家們則可以創造出各種的名作。這都是第六感的作用。

理科的科學家也能夠發揮具有想像能力的第六感，對此很多人會感到意外。一般人認爲，自然科學或理科的科學家，凡事都是用理論來思考。

然而被稱爲天才的科學家們，都具有藝術家所擁有的感性，也非常重視第六感。

例如，愛因斯坦非常重視「美」的感覺，十分在意自己所發明的法則是否具有對稱性。即使湧現新法則的靈感，而創造出新的方程式，但是，只要自己判斷這個方程式「不美」，就會放棄這個念頭。

而專家們所具有的第六感，也是以從五感進入腦內的各種訊息爲基礎。總是在相同的場所工作、總是拼命地思考一個問題，來自五感的各種訊息，無意識之中累積在腦海裡。因爲腦海中綜合各種訊息並且下判斷的網路發達，所以就能夠產生比來自於五感的每一項訊息綜合還大的成就。

專家的第六感就是在這種情況下所產生的。因此，要在一個領域中使第六感作用，並不是一朝一夕的事情。而是要累積專業領域的各種資訊，並且在腦海裡製造出網路，這需要相當的時間。具體而言，要成爲專家，一定要經過五〇〇〇小時的處理過程。

例如，研究科學的專家即使沒有任何念頭閃過，也仍然要不斷地從事研究工作。繪畫的專家也必須要累積畫畫的經驗。

像這樣，經過五〇〇〇小時的長久時間從事相同領域的事情，如此一來，腦中才會產生專家的第六感網路。

●圍棋、象棋名人的超人記憶力

雖然通稱爲專家，但專家也有各式各樣的領域。首先就來看看圍棋、象棋的名人。

圍棋、象棋名人的超人技藝之一，就是擁有驚人的記憶力。名家不但瞭解各種棋子應該擺放的位置，而且能夠記住如何前進才能獲得勝利的棋路。

此外，訪問象棋或圍棋高手的「感想」時，他們能夠將剛結束的戰局，從最初到最後的步數一一再現，並且說出「這就是勝負的關鍵」這類的感想。不用經由記錄，能將從一開始到最後的過程於腦海再現。

爲什麼他們具有這樣的記憶能力呢？是因爲在下棋中，記憶力慢慢地增加嗎？或者是因爲記憶力好，所以才成爲此道高手呢？荷蘭的心理學家狄．寇爾德進行了一項實驗，藉此瞭解這些名家的記憶力之謎。

狄．寇爾德將棋子放在棋盤上，並且一開始就擺成對戰到一半的狀態，然後讓名人、中級者及初學者看五秒鐘，接下來要他們回憶剛才的配置。

結果，名人比中級者及初學者的成績優秀很多。在二十個棋子中，平均正確地擺出了十六個棋子的位置。

其次，和對戰無關，將棋子隨便地擺在棋盤上，像之前一樣讓他們看五秒鐘，然後再將棋局重現。結果，名人只有三～四個棋子排對而已。在這種狀況下，名人和中級者、初學者的成績差不多。

圍棋的名人能夠充分記住實戰中圍棋的位置，但是如果是隨便的棋子配置，那麼，他們的記憶也就和平常人沒什麼兩樣了。

換言之，圍棋名人並不是擁有高超的記憶力，也不是說對於棋子的記憶力就特別好，只是關於下棋方面的記憶力比他人強而已。

那麼，爲什麼圍棋名人對於有關於圍棋的記憶力會這麼好呢？

答案很明顯，就是經由長年下圍棋，在腦海裡累積了關於圍棋的資訊，而創造出能夠非常有效率地回憶出資訊以及組合判斷的神經元網路。因此，在圍棋方面，能夠發揮初學者所不及的記憶力。

像這樣，在專門的領域具有超強記憶力的，並不僅止於圍棋名人而已。象棋名人或其他各領域的專家也都一樣。

●名人們靈機一動的秘密就在於腦波！

在瞭解了圍棋、象棋名人記憶力的秘密之後，接下來，就要來探究他們「靈機一動」的秘密。

名人在思考下一步時，腦波到底是呈現什麼樣的作用呢？在討論這個問題之前，首先要對於腦波做簡單的說明。

腦波的周波數由低到高，依序排列爲Δ（delta）波、θ（ceta）波、α波、β波這四種。而產生腦波時，就是呈現α波或β波，或是兩者混合的波。

一般而言，放鬆與沉著時，α波較強。焦躁或不安時，β波比較強。象棋或圍棋的名人在下棋時，腦波應該爲α波。

所謂α波，就是在放鬆或半睡眠狀態時，以及睡眠中出現的腦波。

由這點來看，象棋、圍棋的名人在對戰中，依五感來思考下一步棋該如何走時，他們的腦波是呈現α波的狀態。

雖然腦波分爲Δ波、θ波、α波、β波，但並不是說腦波就是以這四種不同的種類出現。腦波是以周波數來區分界限。所謂「α波」，就是周波數在八到十四赫茲的腦波，亦是在接近θ波到β波的範圍。

其中，在發呆、打盹時會出現的α波，周波數爲八赫茲左右，是接近θ波的腦波。

當我們在思考或理解事情時，是出現接近β波的α波。當我們的精神專注在某一件事情時，並不是呈現「意識水準高時的腦波」β波，而是接近β波的α波。

此外，根據報告顯示，名人們靈光乍現，是屬於九赫茲到十一赫茲的α波。這是比我們集中思考的周波數還低的α波。

腦海裡靈光一現時，會出現這個周波數的腦波。這並不只是出現在象棋、圍棋名人的身上而已，像計算的名人也一樣，在計算時會出現九赫茲到十一赫茲的

α波。

總之，腦海裡有靈光乍現時，是屬於放鬆的狀態，腦波就是在其附近的周波數，這種情況居多。

●主力商品通常都是由首腦人物靈光乍現所產生的

除了象棋、圍棋等名人之外，企業經營的專家，也就是首腦人物，多半都具備優秀的第六感。他們必須要對於開發或是擴展的商品進行決斷。這時，與其召集重要的幹部開會，大家提出理論、互相討論而產生結果，倒不如由首腦人物靈光乍現，經由第六感導出結論，反而能夠產生更好的結果。

有關首腦人物的第六感，美國的兩位研究者道格拉斯·狄恩和喬·麥哈拉斯基，出現以下的調查結果報告。他們從美國的各種企業中，選出了銷售額激增的公司，以及銷售商品受歡迎的公司，調查其成功的經過。結果，發現具有爆發性暢銷的商品，多半是經由首腦人物的第六感所下的決定。

具體而言，即使根據市場調查或是業界動向等資料，顯示商品無法暢銷，而且全體人員在會議中都反對銷售這項產品，但是只要首腦人物念頭一閃，主張：「這項商品應該會大賣，有事由我負責！」而決定販售，那麼該商品也多半會成爲受歡迎的商品。

在這種情況下，首腦人物也往往很難用語言說明爲什麼自己認爲這種商品好賣呢！這是因爲首腦人物的頭腦內，累積了市場調查或業界動向等資料所產生的各種訊息，並且從中導出了第六感。

雖說如此，但是也有些首腦人物想要以自己的第六感進行判斷，結果卻判斷錯誤，導致公司重大損失或倒閉。此外，有些首腦人物雖然認爲「這個商品一定會大賣」，但是對於自己的直覺沒有自信，寧願相信市場調查數值所顯示出來的訊息。這樣一來，即使產生了直覺，也無法發揮作用。

爲了要成功，就不能光靠靈光乍現的第六感，而必須要具有是否採用這項第六感的決斷力。

如前所述，在考察有關於預知狀況時，不只是單純只有第六感的預感而已，還必須要有判斷自己的預感是否正確的能力。

對首腦人物來說，不只要預測「這項商品一定會暢銷」，還必須有足夠的能力，來判斷、評價自己的預測是否能行得通。

以超乎平常的觀點及想法來思考

在企業中，能夠活用一閃而過的第六感，並不只限於首腦人物或是專家。像負責新產品開發的職員等一般的上班族，也出現過許多活用第六感的例子。請看以下的例子。

有一家公司想要開發牙刷的新製品，但是卻無法出現好的構想。

就在這樣的狀況下，有一位研究人員看到家裡面的水管有問題。而當他在修理水龍頭開關的時候，突然出現一個靈感。

水龍頭的水一下流、一下止，就可以抑制水滴。他發現同樣的狀況也可以應用在牙刷上。

於是，他就開發出刷毛尖端像是導管狀、呈空洞的牙刷。測試之後，發現這種毛尖端呈導管狀的牙刷，能夠充分地去除牙垢。

看了這個例子，也許有很多人會認爲，水龍頭和牙刷怎麼能夠混爲一談呢？覺得很奇怪。畢竟，水龍頭和牙刷相差甚遠，但是他卻因爲水龍頭的提示而激發出靈感，出現了牙刷的新構想。當然，最大的前題就是，這位研究人員必須不斷地思考關於開發牙刷新製品的構想。

普通人即使在修理水龍頭時，也不會激發出有關牙刷新製品的新構想。因爲，不但對於開發牙刷的新製品沒有興趣，也從來沒有思考過這個問題。

然而，對於不斷地研究牙刷構想的這位研究員而言，他的頭腦裡持續思考如何開發出新製品。每天有不同的構想出現在他的腦海裡。

當頭腦裡面始終盤旋著一個問題時，只要稍微留意乍看之下完全沒有關係的事情，就能夠從中發現「原來這就是××……」，並且將這個假設和自己思考的問題連結在一起。

這種情況就像是「牙刷＝水龍頭」一樣，以A＝B的形態，將兩種不一樣的隱喻互相類比。

像這樣，能以和平常人不同的觀點、思考出發，就稱爲「觀點的移動」，這是產生第六感非常重要的因素。

因爲這位研究人員不斷地思考要如何開發出牙刷的新製品，所以藉由暗示，就可以進行觀點的移動。從與平常人不同的觀點出發來看待水龍頭。結果就出現了嶄新的構想，開發出刷毛尖端像導管狀的牙刷。

●問題意識與好奇心是靈感的條件

專家們的第六感，是藉由長時間的累積資訊，以及不斷思考同一件事情而產生的。就算是從偶然產生的發現也不例外。

在偶然的發現中最有名的例子，就是有關於抗生素盤尼西林的發現。

從黴菌中發現盤尼西林的是，英國的細菌學家佛萊明，可是他卻是在研究黴菌中有這項發現。

他所進行的是葡萄球菌的培養研究。

爲了配合實驗的進行，佛萊明有好幾次將培養容器打開放著。他的實驗室是一棟非常老舊的建築物，有很多灰塵，研究環境不佳。

此外，他也不是做事一板一眼的人。所以，在夏天休假時，有時候也會將培養容器就這樣放著，使它沾滿了灰塵。等到休假結束，回到實驗室後，才發現培養容器裡產生了許多黴菌，而旁邊的葡萄球菌全都死亡了。

於是，佛萊明開始思考，這種藍色的黴菌所產生的物質，是不是能夠殺死葡萄球菌。經由深入的研究之後，終於發現了盤尼西林。

這個發現，乍看之下是偶然的產物，但是並非如此。

事實上，在這個時代研究細菌是否會藉著別的微生物妨礙成長的研究者，不只佛萊明一個人。這個現象雖然也出現在許多學者面前，但是只有他一個人注意到這種現象。

被其他的研究者忽略的現象，在佛萊明眼中看來，卻認為非常具有意義，而開始研究。這也是因為他擁有「如果能夠找出殺死病原菌的物質，那就太好了」的心情，這種問題意識成為最大的原動力。

像這種乍看之下屬於偶然的發現，事實上絕非如此，而是發現者隨時都具有問題意識的緣故。

與問題意識相同，好奇心及不厭煩的精神，也是產生第六感的重要因素。

關於這一點，只要請具有創造力的人猜謎語，就能夠瞭解了。

有創造力的人即使解不開謎題，也絕對不會說：「請你告訴我答案吧！」而會耐心地向答案挑戰。像這種腦海裡一旦出現疑問就會努力去追求解答的人，就可以說是具有創造性。

關於這一點，如果從腦部網路的發達來看，也很容易瞭解。如果你習慣立刻放棄思考的事情，那麼腦的網路是無法發達的，也不會產生靈感或創造性。

當然，任何人都一樣，專心地思考沒有興趣的問題、耐心地尋求答案，那是很難辦到的。

不厭其煩地持續挑戰，這是擁有好奇心及創造性不可欠缺的要素。

●光靠靈感無法產生藝術作品

什麼都不做，絕對無法從事具有創造性的工作。關於這一點，不僅適用於發明家及營業員，對藝術家而言也是一樣的。

一般人總認爲，藝術的天才是藉由天賦的才能及靈感，才能陸續產生各種藝術作品，但事實絕非如此。

以作曲家貝多芬爲例，他從最初出現曲子的靈感開始，直到完成、公開發表爲止，經過多次的修正。從他最初完成的草稿，就可以得知這項事實。

比對貝多芬幾首名曲的草稿和完成稿，會發現有很大的距離。剛完成的草稿根本不具有任何魅力。然而，他會以草稿爲基礎，不斷地修正，經過長時間的修改之後，終於完成了名曲。

像這樣進行修正的不只是貝多芬而已，莫札特也是一樣，從出現構想開始到完成，需要花很長的時間。

莫札特看來似乎是將腦海中想到的曲子，直接寫在曲譜上，幾乎沒有看到他在譜面上修改，因此在周圍的人眼中看來，好像是「聽神的指示而寫出來的曲子」。

然而，事實上莫札特絕不是聽神的指示，或只是藉由自己的靈感而寫出曲子，而是非常有效率地整理各式各樣的資料，並且在日常生活中不斷地從各處尋找主題，最後再藉由自己的靈感完成名曲。

只是他並沒有將最初的構想到完成的草稿留下來，所以一般人以爲一切都只是在他的腦海中進行，就好像是上天指示他作曲一樣。同樣的事情也發生在畫家的身上。

各位看畢卡索的畫，都會覺得好像是藉由靈感所描繪出來的。事實上並非如此。畢卡索並不是在決定要畫什麼樣的畫之後，就立刻開始畫畫。

他首先開始尋找符合自己想像的東西，不斷地試著繪畫，反覆進行這種作業，並且非常有耐心地進行編輯作業，不斷地重畫。在各種嘗試過程中，出現許多失敗的作品。

畢卡索畫出來的畫，如果經由第六感，亦即和自己的平衡感覺或想像對照，而判斷「不行」的時候，他會立刻放棄。不斷地放棄，最後留下來的就成爲偉大的藝術作品。

像這樣，我們可以說產生偉大藝術品的藝術家們，並不是藉由最初的靈感來產生作品，而是經由判斷，將失敗的作品丟棄，如此才能完成真正優秀的作品。

此外，從產生藝術品的動機來看，也並非都是由靈感而來的。

例如，在精神科非常有名的阿爾巴特·羅歇巴克博士，就針對美國一流的詩人進行調查。結果得知，很少有詩人是藉由突如其來的靈感而產生好的作品。

根據這項調查，可以瞭解詩人們多半是在尋找詩的主題，也就是爲自己要寫什麼樣的內容而緊張。一旦有一個主題浮現在腦海裡時，就著手修改，最後緊張就會放鬆，使內心得到解放。

像這樣，與其說是靈感，倒不如說是尋求內心的解放，而創造出作品。

●天才們是如何思考的呢？

從各項的研究調查中可以發現，天才將名作呈現在世人的面前之前，都曾經過多次的修正。這麼看來，天才好像也和我們一般人沒什麼兩樣。然而，爲什麼天才會出現和我們不同的獨特思考呢？

關於這一點，前面提到過的羅歇巴克博士有深入的研究。

羅歇巴克博士針對諾貝爾獎得主，以及普利茲獎得主等從事創造性活動的人們，觀察其活動的姿態，並加以研究。在研究中，確認了這些天才們有兩項思考過程，爲其最大的特徵。

其中之一稱爲「哲那斯的思考」，也就是像羅馬神話中守護門戶的兩面神哲那斯一樣，能同時掌握對立性的思考，並且具有應該認同哪一方的能力。另外一個就是「同空間的思考」，也就是具備了複數不同思考的能力。

這樣的解釋，相信還是有許多人摸不著頭緒。就像在心理學的測驗中經常使用的畫，依照個人看法的不同，有人覺得看起來像老婆婆的臉，有人卻覺得像年輕姑娘的臉。（參照下一頁的畫）

看這張畫的時候，如果在瞬間覺得是老婆婆的臉，那麼就看不出是姑娘的臉；如果在瞬間覺得是年輕姑娘的臉，那麼就無法看出是老婆婆的臉。

而如果看見的是老婆婆的臉，那就是「老婆婆的臉」；如果看到的是年輕姑娘的臉，那就是「年輕姑娘的臉」。

像這樣，藉由經驗或學習來創造概念，擁有所謂的「內心的模型」，會將任何事情適用於自己內心的模型中，藉此來整理視覺訊息。

然而，擁有哲那斯思考的人，就不會被侷限在內心的框框中。即使看起來像

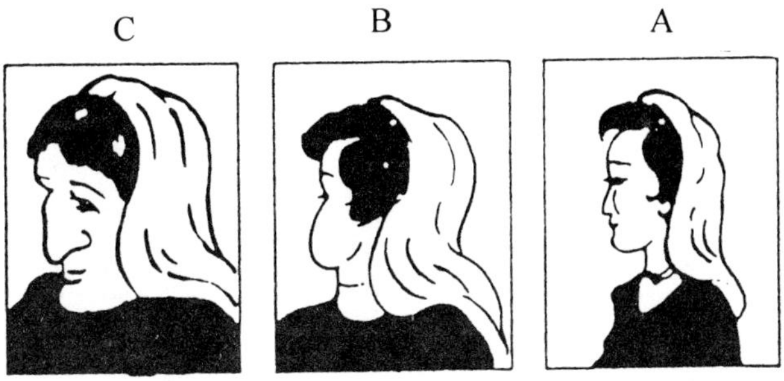

(Hochberg, 1966)

老婆婆的臉，但也會從另外一個角度來思考，這樣就會看出是年輕姑娘的臉了。亦即並不會任性地依照自己既有的觀念來看這張圖畫。

如果是屬於看人的時候，不會在乎年輕或年老的民族，那麼在看這張畫時，就不會一味地只看到老婆婆或年輕姑娘的臉，而擁有哲那斯思考的人，就是這種想法。

另一個「同空間的思考」，也和哲那斯的思考是相通的，在認知科學上，和「並列分散處理」一樣。

所謂「並列分散處理」，是表示腦的訊息處理方法的術語。

前面提及，我們的腦並不是同時只處理一件事情，而是像能夠同時進行複數運算的電腦一樣。

這個時候，並列分散處理的資訊，大半都是不經由意識而處理的。

正如上頁的畫，一般人只會將瞬間的視覺資訊送入腦中，排除模糊不清的部分，在掌控語言的領域中，對照內心的模型來處理。

在這個無意識的過程中，重複地在腦海裡面印下「臉」的印象，使其成爲意識出現。

關於這一點，天才會對比照內心之前所得到的訊息，把它當成意識的訊息。換句話說，能夠自在地接受模糊不清的對象，這就是天才思考的特徵。

而這種哲那斯的思考與同空間的思考，也就是不被內心的模型侷限住的自由思考方式。天才們不會被既成的概念所侷限，而從事創造性的活動。

當然，並不是說無法進行哲那斯思考或同空間思考的人，就無法進行創造性的活動。只是通常被稱爲天才的人，具有這樣的特徵而已。

創造力並不是只有天才才擁有的，一般人也擁有創造力。

所以，哲那斯思考以及同空間思考，也可以說是脫離語言的框框，相信凡事都有互相矛盾的一面，「原封不動」地去理解的態度。

第六章

澄清第六感，提高創造性的方法

●放鬆是讓自己有靈感的秘訣

前章提及，天才或是專家們容易產生一閃而過的念頭，或是創造性的第六感，但就算不是天才或專家，一般人也擁有所謂的靈光乍現或創造性。

那麼，平常人應該如何提升靈機一動的念頭或是創造性呢？

首先，應該先思考在何種狀況下構想才會出現在腦海裡？

關於這一點，前面已經提過象棋或圍棋的名人，腦海裡會閃過下一步棋的棋路，這時候腦波呈現α波。不只是下棋的情況，當腦海中出現α波時，事實上就是我們最容易出現靈感的時候。

凱庫勒掌握了苯的化學構造，是因爲他在暖爐前面打盹時，因爲做夢而得到的啓發。也許凱庫勒當時在暖爐面前呈現的腦波，就是所謂的α波。

腦波呈現α波的狀態，就是腦海裡最容易出現靈感的時候。

在焦躁的時候，是絕對不會出現α波的。α波是在內心平靜或放鬆，或是專心做一件事時才會出現的腦波。

因此，如果想要擁有好的靈感或構想，就應該維持沉穩的心情，而不是焦躁的狀態，盡量放鬆自己。

如前所述，第六感是在不斷思考一件事情之後所產生的。

像凱庫勒就是每天不斷地思考苯的化學構造中，有一天打盹時突然得到靈感。如果想要擁有好的靈感，不妨向凱庫勒學習。

想要擁有好的構想，該怎麼做呢？應該不斷地思考。即使思考了一陣子之後，仍然想不出答案，但也不要焦躁。感到焦躁時，可以聽聽喜歡的音樂，或者是散步，讓自己得到放鬆。

像這樣，經常使用頭腦思考的時間和放鬆的時間交互進行，就可以使自己的頭腦裡出現靈感。

關於這一點，只要觀察職場裡的同事也可以瞭解。

有些工作看起來非常無聊，但是就是有人做得非常開心，而且不斷地進行創造性的工作。這就是集中精神在工作上；在遊戲時，完全地放鬆。使用頭腦的時間和放鬆的時間維持均衡，就能夠培養創造性。

在認真思考之後完全地放鬆，就是產生靈感的秘訣。

●容易浮現好構想的場所

當我們放鬆時，好的構想和念頭容易乍現。但具體而言，適用於什麼樣的場所呢？

有關這一點，自古以來，不論東西方都留下很好的教訓。古人認為最適合集中精神的場所，也就是最容易讓人產生好構想或靈感的場所，就是「三上」。

所謂的「三上」，是北宋歐陽修所留下的話，就是指「枕上、馬上、廁上」。也就是在枕頭上昏昏欲睡，或者是在馬上被搖晃時，以及上廁所的時候。

這三項的共通點就是什麼也不做，呆然地呈現完全放鬆的狀態。總之，在能夠完全放鬆的場所，就容易產生新的構想。

當然，其中的「馬上」，並不是說一定要騎在馬背上，以現在的觀點來說，在電車或公車上也是一樣的。只不過如果是置身於令人感覺緊張，或者是擁擠不堪的車上，就無法符合讓人放鬆的條件。唯有舒舒服服地坐著，不要煩惱地開著車或搭乘電車、巴士，才可說是現代「馬上」的思考方式。

相對於東方的「三上」，西方的天才作曲家莫札特，認爲能夠湧現歌曲靈感的場合有四項，那就是「一個人在馬車上搖晃時」「散步的時候」「吃美味的食物之後」「睡不著的夜裡」。

這也和「三上」有許多共通點。

莫札特的「一個人在馬車上搖晃時」，就和「馬上」是一樣的。「睡不著的夜晚」也和「枕上」是相同的。此外，「散步的時候」「吃美味的食物之後」，這也和一個人能夠放輕鬆的時候有共通點。

此外，另有一說，那就是科學發現許多開頭爲「B」字母的場所，例如公車（bus）、床（bed）、浴室（bath），都是能夠讓人完全放鬆的場所。

不論東西方都認爲，能夠讓人產生好靈感的場所，就能夠讓人完全放鬆的場所，這一點是完全相通的。

再詳細地比較「三上」中的「馬上」、莫札特的「一個人在馬車上搖晃時」，以及科學發現的「bus」上，都是「在交通工具上被搖晃的時候」，這有其共通點。在交通工具有規律地搖晃下，能夠讓人產生好的靈感。

像這種「一個人能夠完全放鬆的場所」「被有規律搖晃的場所」，能夠讓人產生好的構想及靈感。這從近年來的統計調查中也可以發現。

以前日本發明研究所，曾經對於一三一位發明專利的人進行調查，請他們回答產生靈感的時間及場所，結果回答的排名是「休息中」「散步中」「醒來時·睡覺時」「浴室裡」「火車中」「洗臉臺」「廁所」。正巧都符合「一個人完全放鬆的場所」。在規律搖晃的「火車車廂中」，也被視爲是能夠產生好靈感的場所之一。

由此可知，正煩惱著提不出好構想的人，可以早一點上床或散散步、輕鬆地搭著電車到近郊走走，也許會有意外的收穫。

●容易產生靈感的簡單呼吸法

前項敘述的是在日常生活中，容易產生靈感的場所。但也有爲了要提高第六感，而刻意放鬆，藉此來提高集中力的方法。

自古以來，就有許多人進行坐禪、冥想及呼吸法等。此外，依目的的不同，例如，爲了要治療緊張的疾病，也會利用各式各樣的放鬆法。而這種放鬆法，對於提高第六感也很有效。

我所認識的一位醫生表示，最簡單的呼吸法就是「嘆氣」。

在沒有人的地方，大聲地發出「啊——」的聲音，深深地吐一口氣，再深深地吸一口氣，重複這個方法。

必須要注意的是，如果像深呼吸一樣用力吸氣，反而會讓自己緊張，無法放鬆。在完全放鬆的時候吸氣，然後像嘆氣一般地慢慢吐氣。訣竅就在於吸氣的時候，要自然地將氣吸入，反覆進行之後，就可以慢慢地呼吸了。

另外就是「冥想呼吸法」，挺直背脊，左手的大拇指橫放在肚臍上，右手則擺在左手之上。右手所在的位置就稱爲「丹田」。

以這個姿勢，用兩手輕壓丹田，一邊慢慢地向前彎、一邊吐氣。接下來一邊起身，一邊吸氣。而在吸氣的同時，可以想像陽光等自己喜歡的影像。

這裡所列舉的兩個呼吸法，重點都在於慢慢地吸氣及吐氣。藉此可以放鬆心情。

這是因爲內心與身體的交互作用所致。

人體在緊張或是焦躁的時候，呼吸較快；在放鬆的時候，呼吸較慢。換言之，內心會影響身體。反之，身體的狀況也會影響內心。

當我們慢慢呼吸時，心情也會配合著呼吸而放鬆。這時腦波就會呈現接近 α 波的狀態，容易產生靈感。

●神秘的體驗——「清晨兩點的驚嘆效果」

在一天中，最容易放鬆的時間帶到底是什麼時候呢？大部分的人都認爲是深夜。

深夜是最容易讓人玩味到神秘氣氛的時間帶。這即是所謂的「清晨兩點的驚嘆效果」。

此乃加拿大羅倫西亞大學的心理學家，麥克·巴辛加和凱薩琳·阿卡雷特所發表的學說。因爲很多人表示「深夜時，一個人靜靜在屋子裡讀書或是思考事情時，會有一種自己和宇宙融爲一體的神秘感覺。」因此，兩位學者就進行了創造這種神秘體驗的實驗。

方法是請被實驗者無拘無束地待在安靜、燭光搖曳的房間裡，讓他聽著會誘發人夢想的音樂。

結果，十五位被實驗者中就有一人報告「擁有非常深遠的體驗」。

此外，在進行這項實驗時，也測驗了被實驗者的腦波，結果發現進行神秘體驗的被實驗者們的腦波，都具有非常大的特徵。亦即出現棘波以及α波或θ波。

雖然他們是處於非常放鬆的狀況中，但是，爲什麼光是這樣就會產生深遠的體驗呢？

對於這一點，也許就和腦內神經傳遞物質的血清素分泌量降低有關。血清素的分泌量降低，使腦的空間知覺以及感情中樞提高，因此能玩味到神秘的感覺。另一說是，這種血清素的降低，與藝術家的靈感有關。

從這一方面來探討，會產生「深夜兩點的驚嘆效果」的深夜放鬆時間帶，會脫離日常的框框，感覺也會活化，因此容易產生第六感或靈感。

不少太空人在太空中遇到神秘體驗，回到地球後擔任聖職。這種神秘的體驗，其原因則與「深夜兩點的驚嘆效果」不同

活躍在科學尖端的太空人們，轉換軌道而朝宗教的方向前進，也是非常不可思議的事情。而這種神秘體驗到底是如何發生的呢？

也許是因爲太空人身處於宇宙的無重力狀態中吧！

人體在生理方面，是因爲地球的重力而生存。即使腦海裡瞭解宇宙空間爲無重力狀態，但是身體並不瞭解。

因此，一旦真的置身於太空中而體驗到無重力狀態時，就容易產生幻想，體驗到「神秘的感覺」，而認爲這是一種「神的啓示」。

再加上飄浮在宇宙中地球等的神秘光景，更會使因爲無重力而產生的神秘感增加。

這種非日常的世界，也會使平常的感覺器官產生變化，促進第六感作用。

●喚起第六感的想法

有很多種刻意喚起第六感的思考方式。

其一就是將直覺系統化，稱爲「NM法」的想法，可以分爲兩類。

首先是設定成爲問題本質的關鍵字，如「飛行」「破壞」「搬運」等，然後對自己提出問題「例如～像～一樣呢？」然後憑著直覺來回答。

什麼樣的答案都可以，但是，如果是使用道具名稱這種非常具體的東西來回答，並透過語言表現出來，那麼就無法期待好的飛躍效果。

以「搬運」這個關鍵字爲例，如果回答「像卡車一樣」，那就無法獲得飛躍性的效果。而憑直覺回答「像螞蟻搬運食物到蟻窩去」，這種比喻性的表現方式較具效果。

回答問題之後，又問自己「接下來會發生什麼事情呢？」這時仍然是憑著直覺來回答。也可以提出兩個以上的答案。

其次，將答案組合在一起，成爲有關於這個問題的重點。

另一個方法，就是跳過「接下來會發生什麼事情呢？」的階段，回答「例如～像～一樣呢？」的問題之後，直接就進入最後的階段。

這麼做和成爲問題的事情沒有什麼關係，而是可以得到問題重點的方法。如果無法得到任何重點，就可再以「例如～像～一樣呢？」爲基礎，回答別的答案。

將這種「例如～像～一樣呢？」更體系化的方法，就是歐茲堡的「檢查法」。

那就是當你看見一項物品的時候，一邊在頭腦裡面檢討「是不是有其他的使用方法呢？」「可不可以應用呢？」「可不可以修正呢？」「是不是可以變得更大呢？」「是不是可以變得更小呢？」「有沒有其他代用品呢？」「是不是能夠改變呢？」「能夠反過來嗎？」「是不是能夠組合呢？」這九個項目。

例如，想要開發原子筆的新產品時，就針對原子筆檢討這九個項目，「原子筆如果變得更大……」「如果能與原子筆用的橡皮擦組合在一起……」等。

這是對於新產品的開發非常有效的思考方式。

像這種思考方式，完全是要在「觀點的移動」上下工夫。

前面提到開發牙刷新產品的研究人員，因爲水龍頭的提示，而研究出刷毛尖端爲導管狀的牙刷。像這樣，只要改變觀點，就能產生新的構想，這也是喚起「靈感」的第六感非常重要的因素之一。

雖然每個人的想法各具特徵，但是，在這裡所列舉的NM法或歐茲堡的檢查法，基本上都能夠順利地與自己進行「對話」，並且將語言圖解化，進行「描繪假設的世界」的作業。

這些都可以說是運用人的想像力，到達最大極限的隱喩原理的手法。

●從團體中產生新構想的方法

思考法中，也有在好幾個人所組成的團體中產生新構想的方法。

例如「戈登法」（Cordon 法）就是沿著抽象的主題，來產生新的構想。看起來好像和集體創造性思考很類似，但是集體創造性思考，是以例如，「要開發新的原子筆」這種具體的主題來進行討論，而戈登法則是以像「書寫」等抽象的主題來進行討論。

爲什麼不進行集體創造性思考，而要以抽象的主題來進行討論呢？目的就是要彌補集體討論的缺點。

在團體中討論，會用語言來說明自己的想法，所以腦太偏向於理論機能，「團體思想」這種團體意見的傾向較強，較難出現個人一閃而過的靈感。因此，美國的研究者們，就提出「將團體討論當成暖身運動，之後還必須要讓各人擁有獨立思考的時間，這樣才能提出創造性思考」的意見。

「戈登法」就是爲了要改善這種團體討論的缺點，故以抽象的主題爲目標，藉此使想像的機能作用。

此外，明尼蘇達大學的杜馬斯·布夏爾教授，針對團體中所進行的思考方法，想出了在集體創造性思考中演短劇的方法。

例如，想要產生有關於產品的包裝或是盒子的新構想時，就請集體創造性思考團隊的其中一人，來扮演產品或箱子的角色，而其他的人則依照自己所喜歡的方式，對這個人提出問題。

布夏爾進行以下的實驗來調查這個方法的效果。

他給予被實驗者們「請想出噴霧型的防臭劑的新製品名稱」等九種不同的課

題，並且請一個人扮演防臭劑的角色，其他人則將自己所想出來的事情寫在紙上。

利用這個方法，調查是否能產生好的構想。

實驗的結果顯示，使用短劇的一組，在九個課題的表現上，都比依照傳統的集體創造性思考來討論的團體優秀。

爲什麼短劇能容易使人產生好的構想呢？根據布夏爾教授表示，理由就是因爲短劇能夠使身體活動，藉此提高創造性。

之所以能夠順利進行，是因爲藉由演技可以從對方的觀點來看待事情。換句話說，也就是「觀點的移動」在這裡產生了作用。藉由「試試看」，使得當場發生的各種問題，有個具體的體驗。

這種模擬的體驗，應該也和現場模擬的想法有關。

專業刑警會站在犯人的角度，來理解現場的狀況。藉此瞭解犯人的意圖等，利用身體的直覺來掌握案情。

不偏向理論機能，使想像機能作用

前述各種想法的特徵，目的都是爲了要使想像機能活化。

前面也多次強調，要使第六感充分發揮作用，就不能太過於偏向理論機能。

一般常說的「主宰理論機能的是左腦，主宰想像機能的是右腦」，這並不能一概而論。實際上，也有人使用右腦來從事理論機能。也有人在進行聽音樂這種想像機能時，使用左腦。這是最近研究的結果。

一般而言，經常使用理論機能的人，左腦比較發達；經常使用想像機能的人，右腦的作用比較活潑。但也不能因此就說，像「說」「聽」「寫」等理論機能，都是使用左腦，而所有的想像機能都是利用右腦。

所以，這裡所說的不要太偏向於理論機能，並非意味著不要太常使用左腦。

事實上，許多作曲家都是用左腦來聆聽音樂的。

那麼，所謂的「理論機能」及「想像機能」，到底是指什麼呢？

首先，「理論機能」就是和語言結合在一起的腦的作用，能夠藉由語言明確地區分事物。

例如，人依年齡而產生變化的情形。人的年齡不斷地增加，而並不是突然變老的。如果用語言來區分，則可以清楚地區別爲「孩子」「年輕人」「成年人」「老年人」等。雖然實際上並無法明確地區分，但是卻能用語言清楚地分隔開來。

關於這一點，想像機能就能夠掌握像這種無法用語言清楚區分的事物。

這種理論機能與想像機能的不同，也反應在學問上，而區分爲「理科」及「文科」。一般而言，像數學或自然科學，被歸類爲理科。因爲這是需要語言要素較強的學問。而像文學、法律等，則被歸類爲「文科」，就是因爲它需要比較強的想像機能。

也許很多人會覺得不可思議，使用語文的文學，爲什麼會變成想像機能的學問呢？但是，換一個角度思考，文學是無法二選一、從中提出清楚答案的東西。

換言之，我們可以把它當成無法用語言明確區分的東西來對待，因此是屬於想像機能的學問。

關於這一點，在數學上面對的是數字，數字是萬國共通的意義，是非常明確的。從這層意義上來看，數字就可以說是像語言般的語言了，而數學就被視爲是理論機能的學問。

要談論理論機能與想像機能根本的不同，其關鍵就在於是否能夠藉由分析的理論來區分事物這一點。

總之，所謂的「過於偏向理論機能」，就是指凡事都以分析的理論來區分事物。

如果凡事都以語言來區分，就會被語言的區分所侷限住，而不能掌握住無法用語言表現出來的東西。這就是太過於偏向理論機能的缺點。

天才或是具有創造性的人，不會太過於偏向理論機能，而會讓自己的想像機能發揮作用。這也適用於所謂理科學問的自然科學的人們。

愛因斯坦具有和藝術家共通的感性，非常重視自己導出的方程式是否具有美的「感覺」。而這樣的東西，當然不是語言所能掌握得住的。

然而，這可以說是第六感非常重要的本質。

阻礙靈感的四種「內心的障礙」

阻礙我們發揮第六感的就是內心的障礙。

其一就是所謂的「戰略障礙」，也就是通常會固執於習慣的解決問題方法的障礙。

這種障礙就是當某種問題發生時，會找出以往解決問題的方法。這時，我們會顧及以前的習慣用法，但這卻是離解題越來越遠的障礙。

例如，有一位主管以對部下嚴厲責罵為方針，因為之前依照這樣的方法，都進行得很順利。

也許這個人之前所遇到的部下，都是屬於只要被上司責罵就會發憤圖強的類型。但是，新的屬下被責罵後，卻越來越退縮，無法發揮實力。

如果在這種情況之下，這位上司依然信守「必須要嚴格責罵部下較好」的原則，而固執於自己的方法，那麼只會使部下的能力越來越萎縮。

以前進行得非常順利的方法，並不保證永遠都會管用。然而，一旦有了這種戰略障礙，就可能不會去嘗試新的方法。

第二種障礙，就是以特定的信念或價值、態度爲基礎的思想。

我們在社會或人際關係、宗教等各領域中，都擁自己的想法和信念。而這種信念或價值觀，在決定或推論事情時，就會在無意識之中產生影響，使我們的判斷發生偏差。

主張「一定要高學歷才可以」，或者是「女性的能力一定比不上男性」的經營者或人事管理者，在採用新人的時候，往往不會採用學歷不高但有能力的人，或者是不錄取女性，因此流失了有用的人才。

第三種障礙，就是被稱爲「知覺障礙」或是「認知障礙」等，有問題卻不注意的障礙。

一般人會認爲，有問題當然會注意。但事實上，我們往往不會注意到問題所在，就這樣日復一日。

當有人丟給我們一個問題「請你思考這件事情」的時候，任何人一定都會注意到這個問題。但是如果是偶發的問題，或者是非得自己找出問題不可時，則往往事到臨頭才會意識到問題的存在。許多看似不重要的問題都被我們忽略了。

例如，在談生意時，也許只注意到對方言詞上肯定的部分，但是卻忽略了他那冷淡的眼神。

如果沒有注意到「眼神冷淡」這種非語言的訊號，而只是一廂情願地認爲對方接受了自己的意見，就會導致交涉失敗。

請各位回憶佛萊明發現盤尼西林的靈感來自於何方的小插曲。

佛萊明發現了黴菌會妨礙葡萄球菌的生長，這就是他發明盤尼西林的契機。但是，當時的細菌學者們，多半將眼光放在其他的微生物妨礙細菌生長的部分。其他的細菌學者們忽略了這個現象的重要性，也就錯過了這個重要發現的契機。這就可以說是一種知覺障礙。

第四種障礙就稱爲「自我想像障礙」，也就是貶低自我想像力的障礙。簡單地說，就是「對自己沒有信心」的障礙。

例如，自己好不容易有了嶄新的構想，但是卻認爲「這種話說出來，也許會被別人笑……」，或者是「反正說出來也不會被人接受」，而沒有付諸實行。

此外，將自己的構想告訴別人的時候，會過分謙虛地認為「也許他不喜歡聽……」「現在也許做不到……」等。因此，只要別人略有意見，就會認為「不出所料」而放棄。

如此一來，就會使難得的構想因為自我想像的障礙而石沉大海。

要使第六感充分作用，就必須先瞭解這四種「內心的障礙」，然後再去除這些障礙。而其體系化的心理手法，就是所謂的「批判思考」，也就是擁有各式各樣的想法。

●天才與凡人的不同，就在於「自信的有無」

前項敘述了妨礙第六感作用的內心障礙，當然，並不是說擁有這些障礙，頭腦就會比別人差。但是，為什麼會出現這麼大的差別呢？

在這四種內心障礙中，尤其是「自我想像障礙」，也就是「對自己沒有信心」，對於發揮創造性所造成的障礙，超乎想像之外。認知科學家馬文・密斯基表示，這種自信的有無就是天才及凡人的差別。

根據密斯基的說法，對於天才與凡人而言，有無自信的差異比腦機能的差異還來得大。

這麼說，也許很多人會感到驚訝。但事實上，一般人也擁有不輸給天才的腦細胞，並且這些腦細胞都不斷地作用著。如前所述，光是拿起杯子這個動作，腦就必須要進行像電腦一般複雜的計算。

並不是只有進行像天才般的偉大事業而已，我們經營平凡的日常生活，或是從事一般的工作，都需要爲數眾多的神經元來作用。所以，天才與一般人的差別，並不是頭腦或天賦才能的不同。

那麼，如果說天才與凡人的不同，真的就在於自信的有無，則這種自信的差異又是如何而來的呢？

密斯基認爲差異就在於，我們是否具備了用獨特的方法表現出想法的衝動。例如，即使我們有好的構想，卻總是認爲反正也不會有什麼成果，因而沒有付諸實行。在沒有深入探究之前，就石沉大海了。

就像在繪畫時，一開始就放棄地認爲「反正我也畫不好」，或者是想要畫畫看，卻因爲畫不好而放棄，覺得「讓別人看到會不好意思」，或者是在一開始畫圖時，就心滿意足地認爲「我是外行人，所以畫這樣已經很好了」，因此不再進一步地重畫，或是加以修飾。

像這種放棄或妥協等，認爲自己「沒有才能」「會被別人取笑」「反正我是外行人」的自我想像，就是因爲對自己設限所產生的。

換句話說，也就是因爲對自己沒有信心，所以才會放棄或妥協。但是，放棄或妥協又會再次攻擊沒有自信的你。

因爲放棄或妥協，所以無法得到好的成果，因此就無法產生自信。因爲沒有自信，所以就放棄、妥協……產生這樣的惡性循環。

然而，天才或是具有創造性的人，非但不會放棄地說「也許我會做不好」，或是「也許別人不會給我好的評價」，而且也不會妥協地認爲「反正我就只能做到這個地步了」，而是一旦擁有新的構想時，會在腦海裡面反覆思索，不斷地想著該怎麼樣才能做得更好。

是天才或是具有創造性的人，絕對不會妥協或是死心、放棄。直到最好的構想浮現之前，會思考出一百個甚至更多的構想。

總之，天才和一般人不同的地方，並不是才能上的差異，而是不妥協、不死心，凡事追求盡善盡美，面對問題的態度不同，而這也是讓自己產生自信的基礎。

如前所述，天才所進行的是哲那斯的思考與同空間的思考，或許也有這樣的差異。但是更重要的差異就在於，對於追求自己的構想所表現出來的態度，以及是否有自信的不同。

密斯基表示，在「腦」處理情報的能力方面，天才與凡人並沒有什麼差別。我想實際上也是如此。

在此之前，心理學家們很想以調查測驗的成績，來證明「尙未文明的人」，也就是非洲部落族群的能力。

然而，進入八〇年代之後，從認知科學的立場來看，測驗的方法本身就對於「尙未文明的人」不利。通常都是以不利的問題爲前提來進行的調查。

換言之，也就是強調文明人的看法。以這種認識爲基礎，並不能瞭解他們的能力。

根據最近的調查得知，從情報處理的觀點來看，他們在狩獵時的腦的作用，是相當優秀的。

第七章

腦的神奇威力，何謂超越直覺呢？

關於第六感的大誤解

前面已經對第六感加以說明，而這個第六感，就是知識的雙刃劍。第六感的優點就是對於發現有貢獻。但相反的，如果使用在操縱人心方面，以進行精神上控制，那就是缺點了。

循著這個方向前進，在思考第六感的時候，所需要的並不是和神有關的直覺，也不要被所謂的「右腦論」所侷限住。而應該找出新認識的科學的第六感，也就是所謂的「超越直覺思考」的道路。

對我們而言，所需要的並不是對於自己靈機一動的直覺喜憂參半。而是應該具有到現在為止還無法以確切的感覺、理論或語言來說明現實性的這種認識力。

從這層意義上來看，所謂第六感的問題，也可以說是認識的方法論。

因此，瞭解神經元群的複雜束，也就是腦的控制方法，就非常重要了。

針對這一點，再做更進一步的說明。

在本書前面已經敘述過，不應該以單一的方法，例如「××發現法」或「右腦××超革命」「直覺的××法」等解說或理論VS直覺，或者是左腦VS右腦這種兩項對立的方式來說明第六感。

本書將一般人在內心感到「有點奇怪」而覺得不安的心理狀態等，稱爲第六感的現象。

那麼，該怎麼做才不會被第六感擊潰呢？該怎麼做才能以自覺的形態活用於未來，控制自己的第六感呢？

在回答這個問題之前，必須要將新的內心科學，也就是認知科學的觀點重新整理一次。

關於人的智能，一般人都相信，在腦的某一處擁有與某種知性活動共通的「一般智能」或「萬能智能」。

同樣的，關於第六感，大部分的人也認爲，有一些人就是比較特別，擁有所謂的「萬能的第六感」或是「一般的第六感」。關於這一點，如果各位能夠更深入地瞭解認知科學的成果，那麼，就能明白這種想法並不正確。

擁有通用於一切事情的第六感的人，除了神以外，是不存在的。

本書的目的，當然就是要否定「萬能的第六感」這種看法。以下就來探討為什麼人會求助於神或超能力者？為什麼人會被不合理的恐懼和不安所困擾，使得自己的心靈被控制？

第六感是一種直覺、非意識的內心狀態，這是大家所認同的。而這種非意識的內心狀態，也就是導致人們對於第六感的能力給予過大的評價，或是相反地給予過小評價的最大原因。

如果說經常藉由冥想，就可以產生被視為萬靈藥的第六感，那麼藉由提升右腦的訓練而增加這項能力，這種說法是非常合理的。

況且我們平常在無意識之中接收的訊息，比自覺所攫取的情報多出十倍以上。其證據就在於，藉著催眠可以記憶起自己沒有注意到的事情，這就是因為記憶還留在腦海裡面，但是本人卻沒有注意到。

的確，記憶和模仿是一樣的，新鮮的東西能使神經元活化，能夠鮮明地回憶。但是，應該完全忘記的舊記憶，也不會完全消失，而是以各式各樣的形態，一點一滴地分散在各處。

這就是記憶不可思議的地方，也是人類擁有無限能力的理由。

●腦內網路的活化產生第六感

記憶是在本人的意識之外，藉由和鄰近的神經元互相交換訊息而漸漸擴大。這就好像蜘蛛結網一般，慢慢地擴大。

藉由神經元之間的互相交流，反覆地記憶同樣的事情。如果以蜘蛛網來比喻，就是重複了好幾層的網，越來越厚，記憶也是以網的形態殘留下來。

這個網就像是一隻隻的眼睛一樣，腦內的神經元，就是記憶或意志的泉源。

此外，如果有活潑的振動流經腦的網路，神經元也能活潑地生長。但是就像人類會因爲壓力或有害的煙霧，而使健康受損一樣，這些東西也會使腦內的網路受到影響。

密斯基將上述的神經元的活動，稱其爲「內心的社會」。當我們在思考這個神經元的「內心的社會」的時候，會發現以下的問題。

首先，當我們有第六感時，讓這些神經元開始作用的是什麼呢？

所謂第六感，就像「內心被什麼所牽引，突然振動了一樣」。腦的內部隨著感情而產生資訊效果。要讓第六感作用，就必須讓神經元群在遇到些微的徵兆時，就能夠敏銳地感覺到身體訊息或是想像訊息，並互相連結。這種活性狀態是必要的條件。

如此說來，我們應該就可以瞭解，事實上第六感並不是經由腦，而是內心的某一種力量所產生的。

著名的認知科學家哈瓦特．加特納表示，腦是神經元群多重形成的網路。所謂的知性，就是藉由語言、理論、數學、空間、身體、音樂等複數的知性重疊，形成多重的構造。

他以多重知性論的概念來說明。

這麼說來，「右腦＝直覺」「左腦＝語言」的區別是正確的。但是要瞭解認識模糊不清的第六感的狀態，在本質上是不充分的，同時，容易招致誤解。重要的是，像知性或感情的重疊構造，彼此之間相互進行作用，到底會帶來怎樣的理解或意識？

額聯合中樞與語言中樞

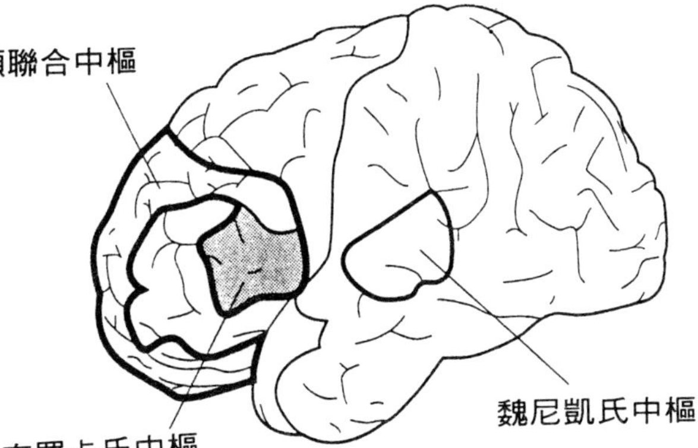

例如，本書在敘述發現或發明時所使用的比喻語言，會被當成是一種隱喻而引起想像。

藉由這種隱喻所產生的語言行爲，並不只是「語言＝左腦」般單純而已。

亦即並不是有語言中樞之稱的左腦的「魏尼凱氏中樞」（聽覺性語言中樞）或「布羅卡氏中樞」（在左額下回）活化，而是從產生創造印象的「額聯合中樞」這個領域開始。（參照上頁圖）

額聯合中樞位於無法分爲左腦或右腦的場所，這裡正是掌握第六感的關鍵場所。

●產生第六感的四種過程

發現、發明的思考過程可以分爲以下四個階段。

一是準備期。這是蒐集資料等知識，並加以吸收的時期。

二是孵化期。在無意識中思考問題，並且陷入苦思的狀況。

三是啓示期。就像是線頭一般的靈感突然浮現的時期。第六感在此產生作用。

四是檢證期。評價並瞭解爲什麼正確的過程。

第六感是在第三期啓示期所出現的。不過，真正重要的時期並不是啓示期，而是前後的孵化期與檢證期。

尤其是最後的檢證期，必須要從「一閃而過的第六感」中瞭解其意義，並且加以評價，篩選出有用的部分，這在最近的認知科學研究中受到重視。事實上，外行人與內行人的差別，就在於產生第六感之後的評價方式的差異。

例如，畢卡索爲什麼能夠創造名畫呢？那是因爲他不斷地修改、重畫。在一幅作品完成之前，總要畫上十幅以上完全不一樣的畫。

此外，有名的建築家所設計的作品，也要花很長的時間來進行比較及研究，而初稿和完成時作品的共通點，只有極少的一部分而已。問題就在於這共通的部分是「什麼呢？」那就是「非常執著」的探尋。

由此看來，產生創作的第六感或靈感，並不是每一個具體的畫或圖的想像而已，而是某種執著與「是不是適合」的評價形式，或是與藉由認識所產生的自我想像有關。

例如，在試穿衣服時，會突然認爲「這件很合適」。而這種「很合適」的感覺，從腦的神經元來看，又是怎麼一回事呢？

借用前面提到的加特納的說法，腦可以比喻爲一棵由一百億個神經元小燈泡裝飾的聖誕樹。

可以想像這棵聖誕樹同時大約有一萬個燈泡以一百毫秒的時間閃爍著。而燈泡的明滅，就是「意識」藉由神經元網路的點火狀態而產生的，代表著記憶活化的狀態。此外，這個「意識」也有它的構造，其週期大約是一百赫茲左右。

總之，創作家或是發明家在「創作」的過程中，就是會產生與「非常合適」的這種感覺一致的特定型神經元網路的狀態。

而最初所產生的第六感，可以想像成以組合、構造完成品的形態，表現出幾乎相似的神經元網路。

何謂迴避危機的「本能現實性」

因為神經元網路的構造而產生的想像，在最近的認知科學的研究，將其稱為「神經元的點火形式」，成為重要的研究主題。

在腦中像神經元一般小的腦基本粒子（馬文・密斯基將其稱為「因子Ａｇｅｎｔ」），與存在於身體全部的神經細胞攜手合作，以並列分散處理的形式成為群束，而創造出意識或是感情。

但是，請不要忘記第六感說明當中的一項重點，那就是「現實性」，也就是「如何看待感情的側面」。

在這裡有兩個問題。一是與動物本能有關的「本能現實性」的問題，以及具有隱喻性質的「認識現實性」的問題。

在此，先針對第一項的本能現實性加以說明。

這相當於腦內動物性的部分「下視丘」或「扁桃體」，與產生人類創造性思考的大腦皮質的「額中樞」之間有相互作用的關係。具有動物的直覺，或是本能地迴避死亡行爲這種第六感的性質。

例如，女性發現丈夫出軌的直覺；或是從理性來看沒有什麼異常，但總覺得不安，而預知大地震；或者是小孩反抗大人的教育體制，因而產生全校瓦解的社會現象等，都可以視爲與本能的現實性有關。

本能的現實性具有人類以自我爲中心的一面，或是因爲壓力而造成歪曲的負面，同時也具有因爲理性或壓抑、語言，而削弱正當化的正面。

也就是說，雖然從法理上的觀點來看，沒有任何問題，但是總覺得不對勁。尤其人類爲了要透過語言來思考，所以會將經驗的一切事情，都藉由語言來加以區分或說明，因此有容易出現錯誤判斷的傾向。如此一來，則藉由語言所表現出來的外在化訊息，就會變成與在腦內部的時候完全不同的東西，而開始一個人漫步，反過來支配、束縛人類的意識或思考。

在筆者以前所進行的小雞四隻腳的問題中，也能夠顯著地看出這種傾向。

所謂小雞四隻腳的問題，就是「請大家畫出小雞」，結果有些人畫出四隻腳的小雞來。

以某校的學生為實驗者來進行調查，結果大約兩成的學生畫出四隻腳的小雞。

為什麼會畫出這樣的畫呢？有一些學生認為小雞是「家畜」，而在貓、狗都是四隻腳的思考領域中，直覺到小雞也是四隻腳。另外，也有一部分的學生認為，因為小雞的軀體太大了，為了要和頭部取得平衡，於是將小雞畫成四隻腳。

●何謂引導新發現的「隱喻的現實性」

語言概念化能夠將經驗分段化，對於科學性分析有所幫助。但是另一方面，也因為這些記號外在化，而使得經驗部分被侷限在框框裡面。

這些經驗藉由語言，而成為許多分段化的東西，但卻會產生這是全體經驗的錯覺。

在此並不是要談論語言和經驗對立的關係，亦即並不是要以對立的狀況來掌握它們，而是想從另一個觀點來檢討兩者統合的過程。

這與隱喻的現實性無法分離的。

那麼，隱喻的現實性指的又是什麼呢？

就是透過兩種不同的東西或想像的對立，而引導出新的發現或理解。

例如，當我們在瞭解電流時，如果藉由水流的譬喻來想像，就比較容易理解。

另外，大家也知道寓言或故事，也往往被視爲是隱喻的原理，而有效地被使用著。應用在電影中，則被稱爲蒙太奇手法這是藉由與我們習慣的世界對比的併置，浮現出隱藏在裡面的新現實的電影手法。

最好的例子就是卓別林的『Modern Times』。

這部電影一開始出現的畫面，是在都市裡的一群勞動者正在通勤，接下來就馬上穿插羊群的畫面。藉著將人與羊對比的情景，讓人認知到異質中也有類似的事物存在，產生隱喻的分解效果。讓我們看出人群就像是羊群一般。

而透過羊的「順從性」這種隱喻效果，也創造出勞動者與羊具有共通的弱勢印象。

就像是在『Modern Times』中所看到的，現實的問題並不只是電影、音樂、文學的領域而已，就像是「電流」一樣，對於科學而言，也是屬於非常重要的基礎原理。

俄國著名的心理學家比果斯基，也列舉了伊索寓言中蟋蟀與螞蟻的寓言來分析。

蟋蟀在夏天的時候一味地遊玩，但是螞蟻卻辛勤地工作。等到冬天一到，螞蟻和蟋蟀的立場就反過來了。

其中隱喻了社會風氣的對立，意味著工作的人與游手好閒的人之間的關係，富於道德的意義。而藉由兩者的對比，使得故事本身更生動，也更具有說服力。

除了故事以外，我們也可以藉由各式各樣的寓言、童話中的隱喻來瞭解人生。換言之，這些寓言故事可以說是產生傳承文化的認識裝置。什麼是正確的、應該做的行爲，藉由柔軟隱喻構造的故事形態，讓人們瞭解。

認知科學將這種與語言有關的認識過程，發展爲「劇本」或是「精神模型」的概念，使其更一般化。

其研究成果之一，就是語言認知心理學家喬治・雷克夫所提出的，語言中每一個習慣用語或單字，都具有隱喻的構造。

例如，在『外星人』這部電影中，有一幕是要教外星人何謂「愛」。有一位女性讓外星人吃蘋果派，然後對於呈現出滿足表情的外星人說道：「愛就是像吃蘋果派一樣。」

這位女性藉由讓外星人吃蘋果派的經驗所產生的快感，使外星人理解這和愛的經驗是類似的。

換言之，與其說是以吃蘋果派的經驗來瞭解隱喻的形式，還不如說是外星人掌握了「愛」這種概念的真實性。

雷克夫並且表示，不只是「愛」這種概念而已，經常使用的動詞表現等，也具有物理的基本隱喻。

例如「上」「下」。有關於「上」，就有「氣氛高漲」及「高興得跳起來的表現」。而關於「下」，則有「心情低落」或是「陷入谷底」的表現。語言的日常表現，全都與這些基本的隱喻要素有關，表示它原本所具有的意義。

人類用語言來思考，同時也藉由隱喻的經驗構造，來瞭解語言意義的規則。

從這裡就可以瞭解，爲什麼我們較容易理解對比的事物，而且會對比喩的表現感到有趣及真實感。

雷克夫表示，這些意義或是理解，都是從隱喩的性質引導出來的。本書前面所介紹的因夢到蛇而發現了苯的化學構造，像這種利用隱喩進行發現或發明，並不是什麼不可思議的事情。我們爲了更加瞭解以及追求真實性，而探求對比的隱喩，並從中找到了新的某種意義。

從這層意義上來看，第六感也配合了隱喩的要素。

其次，我們再從腦的神經元的角度，來看看發明或是發現的過程。

首先，在準備期中，對待不同事物的兩個神經元群是分開而獨立存在的。而這兩個神經元群到孵化期，就會分別擴張，發展爲兩個領域。另一方面，也會產生連結這兩個領域的神經元。

其後，在這種狀態進行中，就形成了直接連結這兩個領域的神經元。這是啓示期，也就是所謂第六感發生的階段。最初兩個神經元群中只有一小部分連結，不久之後就成爲多數，當兩個神經元完全結合在一起的時候，就成爲「理解」這種真實性的實現。

●靈感或氣是在什麼樣的腦狀態下發生的？

前面已經解說過因爲隱喻而造成的發明、發現的認知過程，這裡再以理論的方式重新整理出像靈感、氣的超心理作用或夢等，會造成腦內神經元何種物理性的變化呢？

我們並不是把靈感或氣當成語言或身體的訊息來接受，而只能藉由像電磁場一般眼睛看不見的能量來進行說明。重點在於這種作用是人以外的生物，在進行交流最重要的手段。

例如，海豚或是蝙蝠，都會使用超音波來避開危險，或捕獲獵物。候鳥或是鮭魚即使到遙遠的地方去，也不會迷路，就是藉著磁場作用來瞭解方向。

換句話說，靈感或是氣並不是使用像「念力」「波動」或「宇宙力」這種超自然的語言，即使腦的構造無法經由科學分析來說明其作用的過程，但是從腦所呈現的狀態來看，已經能夠客觀性地掌握其明確的效果了。

對於認知科學的對象，雖然還沒有進行像靈感等的分析，但是相關的研究方面，我們可以發現，殘障人士的第六感都非常的靈敏，甚至具有超人的能力。

例如，有視覺障礙的人，其聽覺就非常發達。這是因爲腦中原本作用於視覺的部分轉移到聽覺，擴大聽覺的領域，而發揮優於一般人的聽覺能力。在這種情形的第六感，是以聽覺爲基礎，藉由卓越的聽力，分辨音色及節奏，結果就有可能成爲天才的作曲家。

一般而言，我們的腦平均地分給五感，各有各的領域。但是當身體有障礙，或是置身於特別環境中，則某一方面的感覺或是器官，就會特別突出，藉此可以有效地使用第六感。

●預知夢是藉由隱喻的推理所引起的

在此整理說明第六感與夢之間的關係。

首先，夢是在進行快速眼動睡眠（速波睡眠）時，將之前儲存的記憶調整再生。現在請各位將「夢＝腦的休息」的負面看法，轉變為「夢＝記憶再生工廠」的正面看法。

本書也列舉許多例子，來說明第六感是如何在夢中產生的。問題在於夢是只能由「想起（回憶）」這種形式來解析的封閉心理現象。

做夢的時候，腦的狀態呈現α波。夢裡面的故事只是經由本人的「想起」這種認知過程「說出來」的行爲而已。換言之，很難以認知科學的手法來確認真正的夢的內容。

恩格派的心理學家，藉由各式各樣的故事推理來討論夢境。這與本人的「想起」以及「說出」證言的表現行爲相通。但是事實上，因爲沒有任何可以決定這個證言正確性的東西，所以也無法避免變形。

夢的變形有兩個階段。第一個階段就是「想起」，將記憶從腦這個儲藏庫引出時，引起變形。其次是第二階段，夢因爲「說出」這種變形的行爲，而形成更戲劇性的東西。

我們可以這麼說，預知夢，就是在夢之後發生了印象中的事件，經驗印象中事件的記憶，就稱爲「瞬間記憶」，就好像是照片一樣，鮮明地呈現出來。

當想起預知夢等記憶的時候，則做夢之後令人印象深刻的事件，就像瞬間記憶般的儲存在腦海裡面，我們一面會讓兩者的記憶產生關聯，一面說出夢境的內容。

這時，就會產生「把日常無心進行的A體驗，當成異常的B體驗，但現在回想起來，又應該是C」這種公式化的故事。

例如，「夢見在故鄉的母親，就接到母親的死訊。現在想起來，那就是預知夢。」都是屬於「前兆↓內容↓綜合」的形式。

事實上，這種說法的形式化，是無意識地想要說服他人的手法，內心隱藏著想要將其正當化的心理。當我們在說明前兆時，就會將它和接下來發生的事件連結，選擇主題而描繪出來。

說出夢境的人，基於這種形式化的心理之後，往往只掌握住夢境中和第六感有關的部分。在夢境當中所出現的各種要求或願望，很少會受到自我（意識）的限制，爲了要達到將內心真正的意思表達出來的狀態，所以腦的神經元會比我們覺醒時更自由，會和鄰近的神經元從事若即若離的活動。

因此，夢就是使被壓抑記憶的神經元活化，想起已經遺忘的事情，展開意想不到的故事。

不過，這些夢是片斷的，故事性還不夠充分。換句話說，大部分都是零零散散的聯想，而且能夠自覺的部分大概只有十分之一而已，剩下十分之九的記憶內容，則是當事人配合回憶的時點加以補強，或者是變形的記憶。

那麼，「預知」為什麼會藉由夢的形式出現呢？

並不是夢本身產生預知的訊息，而是將片斷的夢的內容和之後發生的事情結合在一起的推理力。亦即藉由隱喻而變成「預知」。

假設在夢境中出現杯子破掉的一幕，而且是自己最心愛的杯子，就會認為這個事件是之後發生的「戀人之死」的隱喻，則夢的一部分就成為「預知」。但是，夢只不過是神經元為所欲為的行動而已。

此外，藉由隱喻推理夢的認知能力（＝超越直覺），也和名偵探或刑警只藉由片斷的證物來進行推理，掌握事實真相的能力是相同的。

如上所述，利用第六感可以使人的「無意識」及「認知」加深。內心與腦及身體，並非獨立存在，而是透過各種事物，以及人的相互作用而創造出「意識」。所謂意識，可以說是腦內的神經元和身體全體神經細胞之間相互作用的綜合體。

在相互作用中，有可以藉由語言、光、聲音等五感來接受的東西，也有像氣一樣，是靠著接近電磁場作用的能量來媒介的東西。而媒介的構成，具有多樣形式，加以統合，使它往有效的方向認知，這就是第六感真正的任務，也是有效的活用條件。

從這層意義來看，所謂第六感，就是統合平常認知的「超越認知」或是「超越直覺」。而對於瞭解「意識」而言，認知科學在今後扮演著非常重要的角色。

伸展第六感的教育建議——後記

我們對於被當成是超越直覺的第六感，有以下兩種解釋。

第一就是學會超越直覺，藉由引導新的洞察及發現的隱喻而認知。第二種則是像精神控制一樣，不被欺騙的手法所迷惑，而能充分地運用自己的潛在能力，使其活化。

「超越直覺」中的超越，就是並不完全地投入一件事情中，而是採取鳥瞰的態度。換言之，就是不相信直覺本身，而是擁有瞭解產生直覺背景的監控意識，這就是「超越直覺」。

大多數的學校都著重於智育的教育，而忽略了直覺的教育，因此就有很多人希望藉由右腦教育來培養直覺力。但是，筆者卻不認爲完全地著重於智力，就可以使左腦活潑。

因爲即使在數學方面，也幾乎是以背誦公式的方式來理解。

在國際性的比較測驗中，也可以證明國人在面對理論性的問題時，總是排名後面。

這與良好的計算力沒有關係。

就算不斷地累積這樣的智育，也無法培養出超越直覺的認知能力。

那麼，什麼樣的教育方式才能夠培養超越直覺的能力呢？

一九八〇年代後半期，在認知科學的領域中，徒弟教育被重新受到評估。認為要改變不教導的教育結構，而讓要學習的一方「擁有問的能力」。

在以前的徒弟教育中，也包括從老師的私生活中去學習技術。例如，讓弟子們做像撿球這類的「雜務」，這在瞭解全體技巧的世界中，是絕對不可忽視的過程。

另一方面，老師不教，也是為了要讓弟子養成學習的態度，以暗示性的行為或語言，讓弟子藉由隱喻培養直覺力。

例如，在跳舞時暗示弟子「手好像雪花落下般地擺動」，則弟子就會以這句話為「線索」，從反覆地錯誤嘗試當中，「體會出絕竅」。這就是第六感的作用。

總之，在技巧的世界中經常要求第六感。然而對於這種徒弟教育進行再評價的，就是認知科學的大師喬治·西利·布朗博士。

他兼任美國頂尖電腦尖端技術中心，也就是帕羅阿爾特研究所的所長。

他認爲徒弟制重在培養學習動機的場所，亦即擁有使得外行人變成專家、促進學習的生態環境。由於現在的學校遭到破壞等問題，剝奪了學生的學習動機，因而提倡「認知的徒弟制」。

看到這裡，讀者應該也注意到了，要培養真正第六感的實力，不單只是採取思考法的訓練，或是進行右腦的想像訓練而已。

要擁有第六感，就是要參與學習的交流，重視共同創造，而並不是要瞭解技巧在哪裡。

將第六感擺在「超越直覺思考」的位置，並不是爲了要突然湧現出什麼偶然的才能，而是要以本身爲動機，「不斷地具有問題意識」，才是真正的本質。

名著『ＥＱ心靈的智商』一書的作者達尼艾爾·哥曼，指出ＩＱ教育的失敗，而提倡ＥＱ（emotional intelligence）。他認爲ＥＱ的本質就在於「情緒的自我認識」。無法管理情緒，是造成社會暴力的原因。對於這一點，我也深有同感。

但是，哥曼的學說只是情緒消極的控制觀，並不能使認知有飛躍的進步。

筆者所敘述的不是ＩＱ或是ＥＱ，而是統合ＩＱ和ＥＱ的東西。換言之，就是連接「智」與「情」認知的環結。以此方程式來構築本書：ＩＱ＋ＥＱ＝超越ＩＱ→（**intelligence**）＋（**emotion**）＝（超越 **intuition**「直覺」）

以上，乃以認知科學的觀點來檢討第六感。

作者簡介：匠英一

1995年出生於日本和歌山縣。
東京大學研究所教育學研究科、
東京大學醫學部研究所畢業。
90年設立認知科學研究所，展開研究教育及經營心理的業務。
同時擔任中央職業能力開發協會的中央試驗委員，
以及精神療法團體「日本埃里克森俱樂部」的企劃委員。
現服務於通信網路事業股份有限公司。
著有『無意識這種不可思議的世界』『Communication Skill』
『電腦科學』等書籍。

大展出版社有限公司 品冠文化出版社	圖書目錄

地址：台北市北投區(石牌)　　電話：(02)28236031
　　　致遠一路二段12巷1號　　　　　28236033
郵撥：0166955～1　　　　　　傳真：(02)28272069

·法律專欄連載·電腦編號 58

台大法學院　　法律學系／策劃
　　　　　　　法律服務社／編著

1. 別讓您的權利睡著了 1		200 元
2. 別讓您的權利睡著了 2		200 元

·武術特輯·電腦編號 10

1.	陳式太極拳入門	馮志強編著	180 元
2.	武式太極拳	郝少如編著	200 元
3.	練功十八法入門	蕭京凌編著	120 元
4.	教門長拳	蕭京凌編著	150 元
5.	跆拳道	蕭京凌編譯	180 元
6.	正傳合氣道	程曉鈴譯	200 元
7.	圖解雙節棍	陳銘遠著	150 元
8.	格鬥空手道	鄭旭旭編著	200 元
9.	實用跆拳道	陳國榮編著	200 元
10.	武術初學指南	李文英、解守德編著	250 元
11.	泰國拳	陳國榮著	180 元
12.	中國式摔跤	黃　斌編著	180 元
13.	太極劍入門	李德印編著	180 元
14.	太極拳運動	運動司編	250 元
15.	太極拳譜	清·王宗岳等著	280 元
16.	散手初學	冷　峰編著	200 元
17.	南拳	朱瑞琪編著	180 元
18.	吳式太極劍	王培生著	200 元
19.	太極拳健身和技擊	王培生著	250 元
20.	秘傳武當八卦掌	狄兆龍著	250 元
21.	太極拳論譚	沈　壽著	250 元
22.	陳式太極拳技擊法	馬　虹著	250 元
23.	二十四式 三十二式 太極 拳 劍	闞桂香著	180 元
24.	楊式秘傳 129 式太極長拳	張楚全著	280 元
25.	楊式太極拳架詳解	林炳堯著	280 元

26.	華佗五禽劍	劉時榮著	180 元
27.	太極拳基礎講座:基本功與簡化 24 式	李德印著	250 元
28.	武式太極拳精華	薛乃印著	200 元
29.	陳式太極拳拳理闡微	馬　虹著	350 元
30.	陳式太極拳體用全書	馬　虹著	400 元
31.	張三豐太極拳	陳占奎著	200 元
32.	中國太極推手	張　山主編	300 元
33.	48 式太極拳入門	門惠豐編著	220 元

・原地太極拳系列・電腦編號 11

1.	原地綜合太極拳 24 式	胡啓賢創編	220 元
2.	原地活步太極拳 42 式	胡啓賢創編	200 元
3.	原地簡化太極拳 24 式	胡啓賢創編	200 元
4.	原地太極拳 12 式	胡啓賢創編	200 元

・道 學 文 化・電腦編號 12

1.	道在養生：道教長壽術	郝　勤等著	250 元
2.	龍虎丹道：道教內丹術	郝　勤著	300 元
3.	天上人間：道教神仙譜系	黃德海著	250 元
4.	步罡踏斗：道教祭禮儀典	張澤洪著	250 元
5.	道醫窺秘：道教醫學康復術	王慶餘等著	250 元
6.	勸善成仙：道教生命倫理	李　剛著	250 元
7.	洞天福地：道教宮觀勝境	沙銘壽著	250 元
8.	青詞碧簫：道教文學藝術	楊光文等著	250 元
9.	沈博絕麗：道教格言精粹	朱耕發等著	250 元

・秘傳占卜系列・電腦編號 14

1.	手相術	淺野八郎著	180 元
2.	人相術	淺野八郎著	180 元
3.	西洋占星術	淺野八郎著	180 元
4.	中國神奇占卜	淺野八郎著	150 元
5.	夢判斷	淺野八郎著	150 元
6.	前世、來世占卜	淺野八郎著	150 元
7.	法國式血型學	淺野八郎著	150 元
8.	靈感、符咒學	淺野八郎著	150 元
9.	紙牌占卜學	淺野八郎著	150 元
10.	ESP 超能力占卜	淺野八郎著	150 元
11.	猶太數的秘術	淺野八郎著	150 元
12.	新心理測驗	淺野八郎著	160 元
13.	塔羅牌預言秘法	淺野八郎著	200 元

・趣味心理講座・電腦編號 15

1.	性格測驗　探索男與女	淺野八郎著	140 元
2.	性格測驗　透視人心奧秘	淺野八郎著	140 元
3.	性格測驗　發現陌生的自己	淺野八郎著	140 元
4.	性格測驗　發現你的真面目	淺野八郎著	140 元
5.	性格測驗　讓你們吃驚	淺野八郎著	140 元
6.	性格測驗　洞穿心理盲點	淺野八郎著	140 元
7.	性格測驗　探索對方心理	淺野八郎著	140 元
8.	性格測驗　由吃認識自己	淺野八郎著	160 元
9.	性格測驗　戀愛知多少	淺野八郎著	160 元
10.	性格測驗　由裝扮瞭解人心	淺野八郎著	160 元
11.	性格測驗　敲開內心玄機	淺野八郎著	140 元
12.	性格測驗　透視你的未來	淺野八郎著	160 元
13.	血型與你的一生	淺野八郎著	160 元
14.	趣味推理遊戲	淺野八郎著	160 元
15.	行爲語言解析	淺野八郎著	160 元

・婦幼天地・電腦編號 16

1.	八萬人減肥成果	黃靜香譯	180 元
2.	三分鐘減肥體操	楊鴻儒譯	150 元
3.	窈窕淑女美髮秘訣	柯素娥譯	130 元
4.	使妳更迷人	成　玉譯	130 元
5.	女性的更年期	官舒妍編譯	160 元
6.	胎內育兒法	李玉瓊編譯	150 元
7.	早產兒袋鼠式護理	唐岱蘭譯	200 元
8.	初次懷孕與生產	婦幼天地編譯組	180 元
9.	初次育兒 12 個月	婦幼天地編譯組	180 元
10.	斷乳食與幼兒食	婦幼天地編譯組	180 元
11.	培養幼兒能力與性向	婦幼天地編譯組	180 元
12.	培養幼兒創造力的玩具與遊戲	婦幼天地編譯組	180 元
13.	幼兒的症狀與疾病	婦幼天地編譯組	180 元
14.	腿部苗條健美法	婦幼天地編譯組	180 元
15.	女性腰痛別忽視	婦幼天地編譯組	150 元
16.	舒展身心體操術	李玉瓊編譯	130 元
17.	三分鐘臉部體操	趙薇妮著	160 元
18.	生動的笑容表情術	趙薇妮著	160 元
19.	心曠神怡減肥法	川津祐介著	130 元
20.	內衣使妳更美麗	陳玄茹譯	130 元
21.	瑜伽美姿美容	黃靜香編著	180 元
22.	高雅女性裝扮學	陳珮玲譯	180 元
23.	蠶糞肌膚美顏法	梨秀子著	160 元

24.	認識妳的身體	李玉瓊譯	160 元
25.	產後恢復苗條體態	居理安・芙萊喬著	200 元
26.	正確護髮美容法	山崎伊久江著	180 元
27.	安琪拉美姿養生學	安琪拉蘭斯博瑞著	180 元
28.	女體性醫學剖析	增田豐著	220 元
29.	懷孕與生產剖析	岡部綾子著	180 元
30.	斷奶後的健康育兒	東城百合子著	220 元
31.	引出孩子幹勁的責罵藝術	多湖輝著	170 元
32.	培養孩子獨立的藝術	多湖輝著	170 元
33.	子宮肌瘤與卵巢囊腫	陳秀琳編著	180 元
34.	下半身減肥法	納他夏・史達賓著	180 元
35.	女性自然美容法	吳雅菁編著	180 元
36.	再也不發胖	池園悅太郎著	170 元
37.	生男生女控制術	中垣勝裕著	220 元
38.	使妳的肌膚更亮麗	楊　皓編著	170 元
39.	臉部輪廓變美	芝崎義夫著	180 元
40.	斑點、皺紋自己治療	高須克彌著	180 元
41.	面皰自己治療	伊藤雄康著	180 元
42.	隨心所欲瘦身冥想法	原久子著	180 元
43.	胎兒革命	鈴木丈織著	180 元
44.	NS 磁氣平衡法塑造窈窕奇蹟	古屋和江著	180 元
45.	享瘦從腳開始	山田陽子著	180 元
46.	小改變瘦 4 公斤	宮本裕子著	180 元
47.	軟管減肥瘦身	高橋輝男著	180 元
48.	海藻精神秘美容法	劉名揚編著	180 元
49.	肌膚保養與脫毛	鈴木真理著	180 元
50.	10 天減肥 3 公斤	彤雲編輯組	180 元
51.	穿出自己的品味	西村玲子著	280 元
52.	小孩髮型設計	李芳黛譯	250 元

・青春天地・電腦編號 17

1.	A 血型與星座	柯素娥編譯	160 元
2.	B 血型與星座	柯素娥編譯	160 元
3.	O 血型與星座	柯素娥編譯	160 元
4.	AB 血型與星座	柯素娥編譯	120 元
5.	青春期性教室	呂貴嵐編譯	130 元
7.	難解數學破題	宋釗宜編譯	130 元
9.	小論文寫作秘訣	林顯茂編譯	120 元
11.	中學生野外遊戲	熊谷康編著	120 元
12.	恐怖極短篇	柯素娥編譯	130 元
13.	恐怖夜話	小毛驢編譯	130 元
14.	恐怖幽默短篇	小毛驢編譯	120 元
15.	黑色幽默短篇	小毛驢編譯	120 元

16.靈異怪談	小毛驢編譯	130 元
17.錯覺遊戲	小毛驢編著	130 元
18.整人遊戲	小毛驢編著	150 元
19.有趣的超常識	柯素娥編譯	130 元
20.哦！原來如此	林慶旺編譯	130 元
21.趣味競賽 100 種	劉名揚編譯	120 元
22.數學謎題入門	宋釗宜編譯	150 元
23.數學謎題解析	宋釗宜編譯	150 元
24.透視男女心理	林慶旺編譯	120 元
25.少女情懷的自白	李桂蘭編譯	120 元
26.由兄弟姊妹看命運	李玉瓊編譯	130 元
27.趣味的科學魔術	林慶旺編譯	150 元
28.趣味的心理實驗室	李燕玲編譯	150 元
29.愛與性心理測驗	小毛驢編譯	130 元
30.刑案推理解謎	小毛驢編譯	180 元
31.偵探常識推理	小毛驢編譯	180 元
32.偵探常識解謎	小毛驢編譯	130 元
33.偵探推理遊戲	小毛驢編譯	180 元
34.趣味的超魔術	廖玉山編著	150 元
35.趣味的珍奇發明	柯素娥編著	150 元
36.登山用具與技巧	陳瑞菊編著	150 元
37.性的漫談	蘇燕謀編著	180 元
38.無的漫談	蘇燕謀編著	180 元
39.黑色漫談	蘇燕謀編著	180 元
40.白色漫談	蘇燕謀編著	180 元

・健 康 天 地・電腦編號 18

1. 壓力的預防與治療	柯素娥編譯	130 元
2. 超科學氣的魔力	柯素娥編譯	130 元
3. 尿療法治病的神奇	中尾良一著	130 元
4. 鐵證如山的尿療法奇蹟	廖玉山譯	120 元
5. 一日斷食健康法	葉慈容編譯	150 元
6. 胃部強健法	陳炳崑譯	120 元
7. 癌症早期檢查法	廖松濤譯	160 元
8. 老人痴呆症防止法	柯素娥編譯	130 元
9. 松葉汁健康飲料	陳麗芬編譯	130 元
10. 揉肚臍健康法	永井秋夫著	150 元
11. 過勞死、猝死的預防	卓秀貞編譯	130 元
12. 高血壓治療與飲食	藤山順豐著	180 元
13. 老人看護指南	柯素娥編譯	150 元
14. 美容外科淺談	楊啓宏著	150 元
15. 美容外科新境界	楊啓宏著	150 元
16. 鹽是天然的醫生	西英司郎著	140 元

17. 年輕十歲不是夢	梁瑞麟譯	200 元
18. 茶料理治百病	桑野和民著	180 元
19. 綠茶治病寶典	桑野和民著	150 元
20. 杜仲茶養顏減肥法	西田博著	170 元
21. 蜂膠驚人療效	瀨長良三郎著	180 元
22. 蜂膠治百病	瀨長良三郎著	180 元
23. 醫藥與生活	鄭炳全著	180 元
24. 鈣長生寶典	落合敏著	180 元
25. 大蒜長生寶典	木下繁太郎著	160 元
26. 居家自我健康檢查	石川恭三著	160 元
27. 永恆的健康人生	李秀鈴譯	200 元
28. 大豆卵磷脂長生寶典	劉雪卿譯	150 元
29. 芳香療法	梁艾琳譯	160 元
30. 醋長生寶典	柯素娥譯	180 元
31. 從星座透視健康	席拉・吉蒂斯著	180 元
32. 愉悅自在保健學	野本二士夫著	160 元
33. 裸睡健康法	丸山淳士等著	160 元
34. 糖尿病預防與治療	藤田順豐著	180 元
35. 維他命長生寶典	菅原明子著	180 元
36. 維他命 C 新效果	鐘文訓編	150 元
37. 手、腳病理按摩	堤芳朗著	160 元
38. AIDS 瞭解與預防	彼得塔歇爾著	180 元
39. 甲殼質殼聚糖健康法	沈永嘉譯	160 元
40. 神經痛預防與治療	木下真男著	160 元
41. 室內身體鍛鍊法	陳炳崑編著	160 元
42. 吃出健康藥膳	劉大器編著	180 元
43. 自我指壓術	蘇燕謀編著	160 元
44. 紅蘿蔔汁斷食療法	李玉瓊編著	150 元
45. 洗心術健康秘法	竺翠萍編譯	170 元
46. 枇杷葉健康療法	柯素娥編譯	180 元
47. 抗衰血癒	楊啓宏著	180 元
48. 與癌搏鬥記	逸見政孝著	180 元
49. 冬蟲夏草長生寶典	高橋義博著	170 元
50. 痔瘡・大腸疾病先端療法	宮島伸宜著	180 元
51. 膠布治癒頑固慢性病	加瀨建造著	180 元
52. 芝麻神奇健康法	小林貞作著	170 元
53. 香煙能防止癡呆？	高田明和著	180 元
54. 穀菜食治癌療法	佐藤成志著	180 元
55. 貼藥健康法	松原英多著	180 元
56. 克服癌症調和道呼吸法	帶津良一著	180 元
57. B 型肝炎預防與治療	野村喜重郎著	180 元
58. 青春永駐養生導引術	早島正雄著	180 元
59. 改變呼吸法創造健康	原久子著	180 元
60. 荷爾蒙平衡養生秘訣	出村博著	180 元

61. 水美肌健康法	井戶勝富著	170 元
62. 認識食物掌握健康	廖梅珠編著	170 元
63. 痛風劇痛消除法	鈴木吉彥著	180 元
64. 酸莖菌驚人療效	上田明彥著	180 元
65. 大豆卵磷脂治現代病	神津健一著	200 元
66. 時辰療法—危險時刻凌晨 4 時	呂建強等著	180 元
67. 自然治癒力提升法	帶津良一著	180 元
68. 巧妙的氣保健法	藤平墨子著	180 元
69. 治癒 C 型肝炎	熊田博光著	180 元
70. 肝臟病預防與治療	劉名揚編著	180 元
71. 腰痛平衡療法	荒井政信著	180 元
72. 根治多汗症、狐臭	稻葉益巳著	220 元
73. 40 歲以後的骨質疏鬆症	沈永嘉譯	180 元
74. 認識中藥	松下一成著	180 元
75. 認識氣的科學	佐佐木茂美著	180 元
76. 我戰勝了癌症	安田伸著	180 元
77. 斑點是身心的危險信號	中野進著	180 元
78. 艾波拉病毒大震撼	玉川重德著	180 元
79. 重新還我黑髮	桑名隆一郎著	180 元
80. 身體節律與健康	林博史著	180 元
81. 生薑治萬病	石原結實著	180 元
82. 靈芝治百病	陳瑞東著	180 元
83. 木炭驚人的威力	大槻彰著	200 元
84. 認識活性氧	井土貴司著	180 元
85. 深海鮫治百病	廖玉山編著	180 元
86. 神奇的蜂王乳	井上丹治著	180 元
87. 卡拉 OK 健腦法	東潔著	180 元
88. 卡拉 OK 健康法	福田伴男著	180 元
89. 醫藥與生活	鄭炳全著	200 元
90. 洋蔥治百病	宮尾興平著	180 元
91. 年輕 10 歲快步健康法	石塚忠雄著	180 元
92. 石榴的驚人神效	岡本順子著	180 元
93. 飲料健康法	白鳥早奈英著	180 元
94. 健康棒體操	劉名揚編譯	180 元
95. 催眠健康法	蕭京凌編著	180 元
96. 鬱金（美王）治百病	水野修一著	180 元
97. 醫藥與生活	鄭炳全著	200 元

・實用女性學講座・電腦編號 19

1. 解讀女性內心世界	島田一男著	150 元
2. 塑造成熟的女性	島田一男著	150 元
3. 女性整體裝扮學	黃靜香編著	180 元
4. 女性應對禮儀	黃靜香編著	180 元

5. 女性婚前必修　小野十傳著　200元
6. 徹底瞭解女人　田口二州著　180元
7. 拆穿女性謊言88招　島田一男著　200元
8. 解讀女人心　島田一男著　200元
9. 俘獲女性絕招　志賀貢著　200元
10. 愛情的壓力解套　中村理英子著　200元
11. 妳是人見人愛的女孩　廖松濤編著　200元

・校園系列・電腦編號 20

1. 讀書集中術　多湖輝著　180元
2. 應考的訣竅　多湖輝著　150元
3. 輕鬆讀書贏得聯考　多湖輝著　150元
4. 讀書記憶秘訣　多湖輝著　180元
5. 視力恢復！超速讀術　江錦雲譯　180元
6. 讀書36計　黃柏松編著　180元
7. 驚人的速讀術　鐘文訓編著　170元
8. 學生課業輔導良方　多湖輝著　180元
9. 超速讀超記憶法　廖松濤編著　180元
10. 速算解題技巧　宋釗宜編著　200元
11. 看圖學英文　陳炳崑編著　200元
12. 讓孩子最喜歡數學　沈永嘉譯　180元
13. 催眠記憶術　林碧清譯　180元
14. 催眠速讀術　林碧清譯　180元
15. 數學式思考學習法　劉淑錦譯　200元
16. 考試憑要領　劉孝暉著　180元
17. 事半功倍讀書法　王毅希著　200元
18. 超金榜題名術　陳蒼杰譯　200元
19. 靈活記憶術　林耀慶編著　180元

・實用心理學講座・電腦編號 21

1. 拆穿欺騙伎倆　多湖輝著　140元
2. 創造好構想　多湖輝著　140元
3. 面對面心理術　多湖輝著　160元
4. 偽裝心理術　多湖輝著　140元
5. 透視人性弱點　多湖輝著　140元
6. 自我表現術　多湖輝著　180元
7. 不可思議的人性心理　多湖輝著　180元
8. 催眠術入門　多湖輝著　150元
9. 責罵部屬的藝術　多湖輝著　150元
10. 精神力　多湖輝著　150元
11. 厚黑說服術　多湖輝著　150元

12.	集中力	多湖輝著	150 元
13.	構想力	多湖輝著	150 元
14.	深層心理術	多湖輝著	160 元
15.	深層語言術	多湖輝著	160 元
16.	深層說服術	多湖輝著	180 元
17.	掌握潛在心理	多湖輝著	160 元
18.	洞悉心理陷阱	多湖輝著	180 元
19.	解讀金錢心理	多湖輝著	180 元
20.	拆穿語言圈套	多湖輝著	180 元
21.	語言的內心玄機	多湖輝著	180 元
22.	積極力	多湖輝著	180 元

・超現實心理講座・電腦編號 22

1.	超意識覺醒法	詹蔚芬編譯	130 元
2.	護摩秘法與人生	劉名揚編譯	130 元
3.	秘法！超級仙術入門	陸明譯	150 元
4.	給地球人的訊息	柯素娥編著	150 元
5.	密教的神通力	劉名揚編著	130 元
6.	神秘奇妙的世界	平川陽一著	200 元
7.	地球文明的超革命	吳秋嬌譯	200 元
8.	力量石的秘密	吳秋嬌譯	180 元
9.	超能力的靈異世界	馬小莉譯	200 元
10.	逃離地球毀滅的命運	吳秋嬌譯	200 元
11.	宇宙與地球終結之謎	南山宏著	200 元
12.	驚世奇功揭秘	傅起鳳著	200 元
13.	啓發身心潛力心象訓練法	栗田昌裕著	180 元
14.	仙道術遁甲法	高藤聰一郎著	220 元
15.	神通力的秘密	中岡俊哉著	180 元
16.	仙人成仙術	高藤聰一郎著	200 元
17.	仙道符咒氣功法	高藤聰一郎著	220 元
18.	仙道風水術尋龍法	高藤聰一郎著	200 元
19.	仙道奇蹟超幻像	高藤聰一郎著	200 元
20.	仙道鍊金術房中法	高藤聰一郎著	200 元
21.	奇蹟超醫療治癒難病	深野一幸著	220 元
22.	揭開月球的神秘力量	超科學研究會	180 元
23.	西藏密教奧義	高藤聰一郎著	250 元
24.	改變你的夢術入門	高藤聰一郎著	250 元
25.	21 世紀拯救地球超技術	深野一幸著	250 元

・養 生 保 健・電腦編號 23

1.	醫療養生氣功	黃孝寬著	250 元

2.	中國氣功圖譜	余功保著	250元
3.	少林醫療氣功精粹	井玉蘭著	250元
4.	龍形實用氣功	吳大才等著	220元
5.	魚戲增視強身氣功	宮　嬰著	220元
6.	嚴新氣功	前新培金著	250元
7.	道家玄牝氣功	張　章著	200元
8.	仙家秘傳袪病功	李遠國著	160元
9.	少林十大健身功	秦慶豐著	180元
10.	中國自控氣功	張明武著	250元
11.	醫療防癌氣功	黃孝寬著	250元
12.	醫療強身氣功	黃孝寬著	250元
13.	醫療點穴氣功	黃孝寬著	250元
14.	中國八卦如意功	趙維漢著	180元
15.	正宗馬禮堂養氣功	馬禮堂著	420元
16.	秘傳道家筋經內丹功	王慶餘著	280元
17.	三元開慧功	辛桂林著	250元
18.	防癌治癌新氣功	郭　林著	180元
19.	禪定與佛家氣功修煉	劉天君著	200元
20.	顛倒之術	梅自強著	360元
21.	簡明氣功辭典	吳家駿編	360元
22.	八卦三合功	張全亮著	230元
23.	朱砂掌健身養生功	楊永著	250元
24.	抗老功	陳九鶴著	230元
25.	意氣按穴排濁自療法	黃啓運編著	250元
26.	陳式太極拳養生功	陳正雷著	200元
27.	健身祛病小功法	王培生著	200元
28.	張式太極混元功	張春銘著	250元
29.	中國璇密功	羅琴編著	250元
30.	中國少林禪密功	齊飛龍著	200元
31.	郭林新氣功	郭林新氣功研究所	400元

・社會人智囊・電腦編號 24

1.	糾紛談判術	清水增三著	160元
2.	創造關鍵術	淺野八郎著	150元
3.	觀人術	淺野八郎著	200元
4.	應急詭辯術	廖英迪編著	160元
5.	天才家學習術	木原武一著	160元
6.	貓型狗式鑑人術	淺野八郎著	180元
7.	逆轉運掌握術	淺野八郎著	180元
8.	人際圓融術	澀谷昌三著	160元
9.	解讀人心術	淺野八郎著	180元
10.	與上司水乳交融術	秋元隆司著	180元
11.	男女心態定律	小田晉著	180元

12. 幽默說話術　林振輝編著　200元
13. 人能信賴幾分　淺野八郎著　180元
14. 我一定能成功　李玉瓊譯　180元
15. 獻給青年的嘉言　陳蒼杰譯　180元
16. 知人、知面、知其心　林振輝編著　180元
17. 塑造堅強的個性　坂上肇著　180元
18. 爲自己而活　佐藤綾子著　180元
19. 未來十年與愉快生活有約　船井幸雄著　180元
20. 超級銷售話術　杜秀卿譯　180元
21. 感性培育術　黃靜香編著　180元
22. 公司新鮮人的禮儀規範　蔡媛惠譯　180元
23. 傑出職員鍛鍊術　佐佐木正著　180元
24. 面談獲勝戰略　李芳黛譯　180元
25. 金玉良言撼人心　森純大著　180元
26. 男女幽默趣典　劉華亭編著　180元
27. 機智說話術　劉華亭編著　180元
28. 心理諮商室　柯素娥譯　180元
29. 如何在公司崢嶸頭角　佐佐木正著　180元
30. 機智應對術　李玉瓊編著　200元
31. 克服低潮良方　坂野雄二著　180元
32. 智慧型說話技巧　沈永嘉編著　180元
33. 記憶力、集中力增進術　廖松濤編著　180元
34. 女職員培育術　林慶旺編著　180元
35. 自我介紹與社交禮儀　柯素娥編著　180元
36. 積極生活創幸福　田中真澄著　180元
37. 妙點子超構想　多湖輝著　180元
38. 說NO的技巧　廖玉山編著　180元
39. 一流說服力　李玉瓊編著　180元
40. 般若心經成功哲學　陳鴻蘭編著　180元
41. 訪問推銷術　黃靜香編著　180元
42. 男性成功秘訣　陳蒼杰編著　180元
43. 笑容、人際智商　宮川澄子著　180元
44. 多湖輝的構想工作室　多湖輝著　200元
45. 名人名語啓示錄　喬家楓著　180元
46. 口才必勝術　黃柏松編著　220元
47. 能言善道的說話術　章智冠編著　180元
48. 改變人心成爲贏家　多湖輝著　200元
49. 說服的ＩＱ　沈永嘉譯　200元
50. 提升腦力超速讀術　齊藤英治著　200元
51. 操控對手百戰百勝　多湖輝著　200元
52. 面試成功戰略　柯素娥編著　200元
53. 摸透男人心　劉華亭編著　180元
54. 撼動人心優勢口才　龔伯牧編著　180元
55. 如何使對方說yes　程　羲編著　200元

56.	小道理・美好人生	林政峰編著	180 元
57.	拿破崙智慧箴言	柯素娥編著	200 元

・精 選 系 列・電腦編號 25

1.	毛澤東與鄧小平	渡邊利夫等著	280 元
2.	中國大崩裂	江戶介雄著	180 元
3.	台灣・亞洲奇蹟	上村幸治著	220 元
4.	7-ELEVEN 高盈收策略	國友隆一著	180 元
5.	台灣獨立（新・中國日本戰爭一）	森詠著	200 元
6.	迷失中國的末路	江戶雄介著	220 元
7.	2000 年 5 月全世界毀滅	紫藤甲子男著	180 元
8.	失去鄧小平的中國	小島朋之著	220 元
9.	世界史爭議性異人傳	桐生操著	200 元
10.	淨化心靈享人生	松濤弘道著	220 元
11.	人生心情診斷	賴藤和寬著	220 元
12.	中美大決戰	檜山良昭著	220 元
13.	黃昏帝國美國	莊雯琳譯	220 元
14.	兩岸衝突（新・中國日本戰爭二）	森詠著	220 元
15.	封鎖台灣（新・中國日本戰爭三）	森詠著	220 元
16.	中國分裂（新・中國日本戰爭四）	森詠著	220 元
17.	由女變男的我	虎井正衛著	200 元
18.	佛學的安心立命	松濤弘道著	220 元
19.	世界喪禮大觀	松濤弘道著	280 元
20.	中國內戰（新・中國日本戰爭五）	森詠著	220 元
21.	台灣內亂（新・中國日本戰爭六）	森詠著	220 元
22.	琉球戰爭①（新・中國日本戰爭七）	森詠著	220 元
23.	琉球戰爭②（新・中國日本戰爭八）	森詠著	220 元

・運 動 遊 戲・電腦編號 26

1.	雙人運動	李玉瓊譯	160 元
2.	愉快的跳繩運動	廖玉山譯	180 元
3.	運動會項目精選	王佑京譯	150 元
4.	肋木運動	廖玉山譯	150 元
5.	測力運動	王佑宗譯	150 元
6.	游泳入門	唐桂萍編著	200 元
7.	帆板衝浪	王勝利譯	300 元

・休 閒 娛 樂・電腦編號 27

1.	海水魚飼養法	田中智浩著	300 元
2.	金魚飼養法	曾雪玫譯	250 元

國家圖書館出版品預行編目資料

解開第六感之謎／匠英一著；林雅倩譯
－初版－臺北市，大展，民 90
面；21 公分－（社會人智囊；58）
譯自：第六感の正体の謎
ISBN 957-468-062-2（平裝）
1. 超心理學 2. 心靈感應
175.9 90001156

解開第六感之謎

ISBN 957-468-062-2

編著者／匠 英 一
譯 者／林 雅 倩
發行人／蔡 森 明
出版者／大展出版社有限公司
社 址／台北市北投區（石牌）致遠一路 2 段 12 巷 1 號
電 話／(02) 28236031・28236033・28233123
傳 真／(02) 28272069
郵政劃撥／01669551
E-mail／dah-jaan@ms9.tisnet.net.tw
登記證／局版臺業字第 2171 號
承印者／國順圖書印刷公司
裝 訂／嶸興裝訂有限公司
排版者／千兵企業有限公司
初版1刷／2001 年（民 90 年） 3 月
初版發行／2001 年（民 90 年） 4 月

定 價／200 元

大展好書 好書大展

大展好書 好書大展